Deur dieselfde skrywer

Ekstra dun vir meer gevoel

Wydsbeen

'n Ander mens

Halfpad een ding

Ek wens, ek wens

Die vertes in

Tweegevreet

Een of ander held

Die onsigbare pou

Geheim van die gruwelsand

Hemel en aarde en ons

ZIRK VAN DEN BERG

Landuit

Want jy wil mos

TAFELBERG

Tafelberg
'n druknaam van NB-Uitgewers
'n afdeling van Media24 Boeke (Edms.) Bpk.
Heerengracht 40, Kaapstad, Suid-Afrika 8000
www.tafelberg.com

Voorbladfoto: Zirk en die kinders op Cheltenham-strand in hul
eerste somer in Nieu-Seeland. Verskaf deur Zirk van den Berg
Omslagontwerp: Marthie Steenkamp
Bladontwerp: Nazli Jacobs
Redigering: François Bloemhof
Proeflees: André le Roux

Teks geset in ITC Stone Serif

Oorspronklik gedruk in Suid-Afrika
ISBN: 978-0-624-09514-9 (Eerste uitgawe, eerste druk 2025)

LSiPOD: 978-0-624-09632-0 (Eerste uitgawe, eerste druk 2025)

Epub: 978-0-624-09515-6

Vir Elsabé, Bernard en Anna. My gesin.
En André. Ou pellie.

INHOUD

Voorwoord   9

Trekboer   11

Werksoeker   24

Huurling   109

Hinkepink   154

Heildronk   201

Afgedank   220

Aanhouer   229

vir zirk   237

VOORWOORD

Bedags is ek 'n Kiwi. Ek woon en werk tussen hulle; voëls van eenderse vere. Maar snags . . . dan skud ek die kiwivere af. In jou enkelheid bly jy wie jy is, die produk van jou herkoms en hebbelikhede, iemand wat met jou eie aard en geskiedenis bly stoei.

Dit is meer as 'n kwarteeu vandat ons uit Suid-Afrika geëmigreer het. Tot nou toe kon ek nie oor hierdie geweldige wedervaring skryf nie – die wond was te rou. Met die tyd het rowe gevorm, toe littekens wat net nou en dan jeuk. Uiteindelik kan ek hieroor praat.

Hierdie boek is nie 'n handleiding oor emigrasie of 'n objektiewe beskrywing van hoe dit mense raak nie. Elke emigrant sal jou 'n ander storie vertel, hoewel met sekere ooreenkomste. My ervaring is nie noodwendig verteenwoordigend nie. As jy dus hier iets wys word oor emigrasie – hetsy die wenslikheid daarvan of hoe om te werk te gaan – is dit nie omdat ek 'n opinie of raad daaroor het nie. Dis maar net hoe ek dit beleef het.

Ek vertel die storie soos ek hom onthou, met behulp van bewaarde e-posse uit daardie tyd. Jy kan maar sê dis 'n e-pos-epos. Na die beste van my wete is alles waar, buiten die paar eiename wat ek verander ter wille van mense wat nie noodwendig hier sal wil figureer nie. Plek-plek kon foute ingesluip het weens my swak geheue of gebrekkige insig, en dan natuurlik seker ook wanvoorstellings as gevolg van die noodwendige leuens wat ek onbewustelik vir

myself vertel ter wille van my ego. 'n Mens wil ondanks die ge-
tuienis liefs nie glo jy is 'n mamparra nie.

Om enige boek te publiseer is onbeskeie. Dit veronderstel dat
dit wat jy geskryf het vir ander mense interessant genoeg sal wees
dat hulle tyd en/of geld daaraan bestee. Des te meer met 'n outo-
biografiese geskrif soos hierdie. My voorneme was om enige moont-
like selfverheerliking te ontlont met soveel openlikheid en eerlik-
heid as wat ek kan. Die onderrok moet uithang, al kry ek skaam.
Dat ek so uit die huis uit praat, beteken dat my vrou ook bloot-
gestel word, wat jammer is, maar onvermydelik.

Voorts soek ek nie simpatie nie. Die eerste jare in Nieu-Seeland
was vir my en my gesin bitter swaar, maar ek weet dat ander mense,
insluitend heelparty wat hierdie boek lees, groter swaarkry ken.
Aan die ander kant: Al weet jy ander mense ly aan die allerverskrik-
likste kanker, bulk jy nogtans as jy jou gottabeentjie stamp. Seer
bly seer. Die artikel in *Vrye Weekblad* wat die saadjie vir hierdie
boek gevorm het, het een leser genoop om sarkastiese kommen-
taar te lewer op my gewaande selfbejammering . . . Sug. Toe ek
getrek het, het ek dose nodig gehad; nou nie meer nie. As jy dus
hier lees en jou reaksie is iets in die lyn van "Ag, siestog, jongie,"
het een of albei van ons die ding verkeerd.

Boeke vermenigvuldig die lewe. Jy kry insae in ander lewens
sonder om self die prys vir daardie wedervarings te moet betaal.
As jy dus iemand ken wat landuit is, of dit self oorweeg, en jy wil
'n idee kry van hoe dit dalk kan wees, is hierdie relaas straks van
waarde. Of dalk soek jy sommer net afleiding en lees agter die
snaaksighede aan – want humor bly 'n troos, 'n kers wat in die
donkerste donker flonker.

TREKBOER

Een vraag wat ek oor en oor by Suid-Afrikaners hoor, is wat my laat besluit het om landuit te gaan. Ek gaan hom oplaas hier ordentlik probeer beantwoord.

Om te emigreer of nie is 'n besluit wat elkeen vir homself moet neem. Soos die sielsalwers graag sê: Daar is nie regte of verkeerde besluite nie, net besluite met gevolge. Soos ek dit destyds in 'n e-pos beskryf het: Vir my was dit 'n keuse tussen hopelose angs en on-ontkombare hartseer.

Ek weet wat die gevolge was van my besluit om te emigreer, maar nie wat sou gebeur het as ek anders besluit het nie. Ek kan nie die lewe wat ek nou lei naas 'n lewe stel wat ek in Suid-Afrika sou gelei het, en die twee vergelyk nie. Het ek daar gebly, sou ek 'n langer en bes moontlik suksesvoller loopbaan as skrywer gehad het en moontlik 'n selfs gelukkiger huwelik. Maar dalk sou ek siel-kundig ingekonk het, of sou iemand in die gesin iets verskrikliks op die lyf geloop het.

Dis juis hierdie soort spekulasie wat die hele ding aan die gang gesit het. Verbeelding is 'n tweesnydende swaard. Dit kan jou weg-voer na ander wêrelde, maar kan ook die een waarin jy is horings en bokvoete gee.

Misdaad is boaan die lys van redes waarom ek daar weg is, maar ek moet ook bely dat 'n mate van paranoia ter sprake was, en dalk selfs 'n vorm van genetika.

Hoor 'n bietjie hier: Toe my pa ses jaar oud was, het my oupa uit die Unie na die destydse Suidwes-Afrika geëmigreer, tien dae se trek met 'n trokkie deur die Kalahari. Toe ek ses was, het my pa ons opgepak en teruggetrek Suid-Afrika toe, twee dae se ry met die trein. En toe my seun ses was, pak ek die gesin op en trek Nieu-Seeland toe, 'n dagreis deur die lug.

Hierdie patroon is iets wat eers later by my opgekom het. Ek weet nie of dit beduidend is of blote toeval nie, maar daar het jy dit: Drie opeenvolgende geslagte seuns wie se ouers hulle op ses-jarige ouderdom na 'n ander land toe vat.

My oupa Zirk het Suidwes gesien toe hy tydens die Eerste Wêreld-oorlog as kommandolid daar was. Een van Suid-Afrika se beweeg-redes om die voormalige Duitse kolonie oor te neem, was om vir armblankes plase te gee. My oupa was een van hulle. Hy was aan-vanklik 'n bywoner, maar het later met staatshulp 'n plaas be-kom. Iewers in die proses het hy hom vreeslik vervies en 'n brief vir die administrasie geskryf om te kla oor die persoon wat sy aan-soek hanteer. Hy sê toe die man is so vrotsleg, hy hoort in Rusland. Kort daarna kry my oupa 'n brief: Die plaas Moscow is aan hom toegeken!

My pa, weer, het in Walvisbaai gebly toe my oudste suster klaar-maak met skool en hy besluit die gesin moet Kaap toe, sodat die kinders op Stellenbosch kan gaan leer. Omdat hy dit nie self gehad het nie, was geleerdheid vir hom als. Hy het gedink as sy kinders grade kry, is hulle koppe deur in die lewe. Ons het getrek net voor-dat ek met skool moes begin. Ek was vrekbang omdat ek gehoor het die Kaap is baie Engels, en ek kan g'n woord van die Rooitaal verstaan nie. Ons beland toe in Bellville, waar almal om my won-der bo wonder Afrikaans praat. Was ek verlig!

Hierdie familiegeskiedenis wys dat om jou land te verlaat glad nie so 'n sonderlinge ding is nie. My ma se swaarkry in die Kaap was 'n voorskaduwing van wat my vrou in Nieu-Seeland sou ervaar. Vir al wat ek weet, het Ouma Mêggie net so gesukkel om in Suidwes aan te pas.

Die eerste keer toe ek oorweeg het om landuit te gaan, was in die 1980's, die tyd van Casspirs, necklace-moorde en onluste. (Ingeval iemand vergeet het: 'n Necklace-moord is waar hulle 'n motorband om jou sit, jou vol petrol gooi en jou aan die brand steek.) Voor die internet was dit moeilik om inligting te bekom, en ek onthou ek was by die Amerikaanse konsulaat of 'n dergelike kantoor in Kaapstad, waar ek vir 'n vrou vertel het ek wil soontoe trek. Vir haar het ek gesê ek is 'n vlugteling wat wil wegkom van apartheid af. Sy het my vinnig op my plek gesit: "As jy teen die Suid-Afrikaanse regering is, sal jy teen die Amerikaanse owerheid ook wees."

Destyds het ek gedog sy is van haar trollie af. Sedertdien het my siening van die VSA 'n ander kleur gekry.

Ek het ook indertyd so ligweg na Argentinië gekyk. Dit was nie politieke woelinge of ekonomiese dinge daar wat my afgesit het nie, maar wel die taal. Vir iemand wat 'n lewe met skryf maak, sou dit bars gaan in 'n land waar almal Spaans praat en ek geen woord daarvan verstaan nie.

Die gier het verbygegaan en so tien jaar later bevind ek my met 'n jong gesin in die Kaapse voorstad Mowbray, en nagmerries begin my ry. Ek kon net lekker slaap as ek op 'n Saterdag- of Sondagmiddag indut, redelik seker dat ons almal nog veilig sal wees wanneer ek wakker word. In die nag was dit maar woes. Een van die nagmerries wat ek gereeld gehad het, het só gegaan: Ek en my vrou en ons twee kinders – 'n kleuter en 'n baba – is op 'n smal sekelstrand, omring deur loodregte kranse. Die gety kom in en daar is nie wegkomkans nie . . .

Die simboliek is nie subtiel nie.

Dan word ek in 'n angssweet wakker en is momenteel verlig dat die nagmerrie verby is. Totdat ek besef waar ek is. Dan spits ek my ore in 'n huis vol bang en kyk venster se kant toe, of daar nie 'n inbreker is nie.

Of dalk skiet my buurman weer wild en wakker in die straat rond. Hy brand graag los op enigiemand wat moontlik kwaaddoen. Ek kon dit nooit verstaan nie. As iemand 'n radio uit 'n geparkeerde kar steel, waarom die situasie laat eskaleer tot doodsake? En ingeval jy jou nou 'n barre Boer met 'n snor voorstel – hierdie buurman was bruin en 'n sakeman. Kom ons noem hom Jock.

Eenkeer word daar by ons ingebreek. Die inbreker los sy paar vrot skoene op die vloer, en verkas met myne. Waarvoor ek hom dankbaar is, is dat hy 'n verkyker agtergelaat het wat hy seker iewers anders gegaps het. Die verkyker lê hier in my sitkamer en ek bekyk soms voëls, skepe op die Hauraki-golf of selfs die sterre daarmee. Dankie, dief!

As selfopgelegde buurtpolisieman kom Jock ná die inbraak daar aangewals. Hy kyk deur ons huis en merk op: "Hy't darem julle plek lelik omgekrap."

Ons het hom eerder nie reggehelp nie, maar die dief het niks van die aard gedoen nie. Dis maar hoe ons huis gewoonlik lyk!

Die ding van Jock wat my bekommer het, is waar sy koeëls opeindig. Ek was bang dis in my seun se nek, en vir die res van sy lewe moet ek hom in 'n rolstoel rondstoot, terwyl ek weet ek kon hom veiliger gehou het. Oor my babadogter het ek gedink dalk word sy iewers in haar jong lewe nie net verkrag nie, maar as gevolg daarvan opgesaal met vigs. Hoe sal ek haar in die oë kan kyk terwyl ek weet ek kon meer gedoen het om haar te beskerm?

Dis die gedagtes wat my geteister het. Buiten oor hulle veiligheid, was ek ook bekommerd oor die kinders se skoolopvoeding en mediese sorg. As die staat dit vorentoe nie na wense voorsien nie, het ek nie geld vir privaatskole en private mediese sorg nie. As ek nie kinders gehad het nie, was ek seker nou nog in Suid-Afrika.

Mindere goed het ook gepla: Dat 'n mens in 'n hok moet lewe, omring deur ystertralies, dat my kinders opgesaal sou word met morele skuld oor 'n bestel waaraan hulle nie aandadig was nie, en so aan. Terloops, die konsep van oorgeërfde skuld of skuld deur assosiasie maak vir my geen sin nie. Niemand sou enigeen in die tronk stop omdat sy pa 'n bank beroof het nie; waarom dan 'n kind verantwoordelik hou vir sy voorsate se politieke vergrype?

Bogenoemde redes is nie 'n verontskuldiging nie. Ek sê nie ek was reg of verkeerd om te dink soos ek dink nie; ek probeer maar net verduidelik wat my beweeg het om weg te wil foeter.

Maar waarheen?

Brittanje was te koud en vol mense, het ek gedink. Ek het Kanada ondersoek, wat ook koud is, maar darem betreklik leeg. Die naby-heid van die VSA het my egter afgeskrik. Australië en Nieu-Seeland was die ander werkbare moontlikhede vir iemand wat in Engels oor die weg kan kom.

Ek het Australië gekies, oor die son. Toe kap ek 'n draai in Perth en dink dit lyk okay en doen aansoek om daarheen te emigreer. Hulle laat my negentien maande wag – 'n tyd waarin 'n nuwe regering daar aan bewind kom en die migrasiereëls dermate ver-ander dat ek nie meer die paal haal nie.

Toe hoor ek van 'n migrasie-agent vir Nieu-Seeland wat in die Kaap is, en gaan sien die ou. Ek is traag om soontoe te trek, sê ek vir hom, want omtrent al wat ek weet, is dat die All Blacks in mod-der rugby speel. Dis nie so erg nie, verseker hy my, die son skyn soms. Daarna het ek opgelees wat ek in boeke kon vind, maar het gou agtergekom enige mening wat uitgespreek word, vertel net soveel van die skrywer as van die onderwerp. Die Britte reken byvoorbeeld die weer in Nieu-Seeland is heerlik, terwyl Australiërs daaroor kla. Dieselfde geld natuurlik vir hierdie boek ook – dis my mening en hoe ek dinge sien, is dalk nie hoe ander mense sal nie.

Daar is 'n klomp emosies betrokke by die besluit om te verkas, merendeels oor die mense wat jy agterlaat. Ek voel skuldig, maar troos my daaraan dat ek nie ter wille van ander mense kan bly nie. Netnou gee hulle later pad en laat mý agter. My vriende is almal ekonomies beter daaraan toe as ek en het meestal beter kwalifikasies om 'n werk oorsee los te slaan. My BA in Afrikaans en kunsgeskiedenis beïndruk nie eens die werkgewers in Suid-Afrika nie, wat nog te sê mense oorsee. As ek nie nou waai nie, kán ek nie, het ek gereken. My veertigste verjaardag kom nader, en as ek eers daar verby is, het ek nie meer genoeg punte om in Nieu-Seeland in te kom nie.

Ek besluit te hel met die agent en doen self aansoek. Jy moes indertyd nog jou dokumente Londen toe pos. Ek doen dit in Desember 1997 en kry kort daarna 'n brief terug. Daar is 'n diskrepansie in die inligting wat ek verskaf het. Ek stel die saak reg en pos dit weer. Teen die einde van Januarie 1998 kry ek 'n brief wat sê dat my aansoek om verblyfreg goedgekeur is. Ses weke met die posstelsel tussen Mowbray en Londen, met 'n geheen-en-weer en boonop met Kersfees en Nuwejaar tussenin . . . Ek was beïndruk. Dit stel goeie dinge in die vooruitsig vir hoe sake in Nieu-Seeland sal verloop, het ek gedink.

"Pak op, pak op, sit jou goedjies op jou kop", soos David Kramer sing, vang my gevoelens oor ons trek in daardie tyd goed vas.

Eers moet ons vir dese en gene die nuus meedeel. My indruk was dat ons vriende merendeels bekommerd was oor ons vooruitsigte – ekonomies sowel as emosioneel – en met reg. My beroepslewe was nou nie juis 'n klinkende sukses nie. Ek was 'n beteuterde joernalis by *Die Burger*, toe 'n so-so korporatiewe kommunikeerder by Sanlam, en in my laaste jare in Suid-Afrika 'n kopieskrywer, eers by Saatchi's en toe by BBDO. Ek was ontuis en onbeholpe in die reklamebedryf.

My vrou, Elsabé, was baie teensinnig oor die trekkery en het haar net laat meesleur omdat ek so besete was. Ek moes haar belowe dat ons sal terugkom as dinge nie uitwerk nie. Hierdie belofte het ek later verbreek. Dis nie iets waarop ek trots is nie.

My ma was toe reeds lankal dood. My pa het op sy tipiese manier op die nuus gereageer: Hy het my susters gevra om met my oor die saak te praat en my te probeer afraai. Hy was nie iemand wat emosionele dinge goed hanteer het nie en het nooit self die saak teenoor my geopper nie. Ek kan nie onthou dat my broer of een van my drie susters hulle oor die kwessie uitgespreek het nie. Indertyd het ek nie veel met hulle te doene gehad nie – nie weens 'n uitval of iets dramaties nie, maar bloot oor my voorkeure en sosiale tekortkominge. Ons het mekaar eintlik net met Kersfees en spesiale geleenthede gesien.

Elsabé is baie nader aan haar familie as ek aan myne. Haar ma, veral, was baie hartseer oor die nuus dat ons wil trek. Haar pa, wat uiteraard ook hartseer was, het egter 'n ander perspektief gehad. As hy jonk was, het hy dit self gedoen, het hy gesê. Hy het swarigheid in die toekoms gesien.

Ons verhouding met party vriende het daaronder gely. Dalk het hulle verraai gevoel, of wou hulle maar net afstand skep voordat ons vertrek. Mense doen dit.

Iets wat ek in die jare sedertdien agtergekom het, is dat sommige mense in Suid-Afrika dit as 'n persoonlike belediging ervaar dat jy landuit gaan, so asof jy daarmee hulle lewenswyse kritiseer. Allermins. Elke mens se omstandighede en weerbaarheid is anders, en as jy hierdie boek in Suid-Afrika lees, ontspan gerus. Jou lewensbesluite is tien teen een vir jou die regtes. Vergun my maar net die vryheid om my eie lewe op my eie manier op te donner. Dít, glo ek, behoort elke mens se goeie reg te wees – om sy eie lewe te verknoei sonder inmenging deur bomme of boosaards.

Hoe ook al, kort voor ons vertrek het ons 'n paartie gehou by ons vriendin Marieta se plek in Kapteinskloof, naby Piketberg. (Waar ek dele van my misdaadverhaal *'n Ander mens* laat afspeel het.) Al ons vriende was daar, so 'n hartseer blydskap. Marieta se dogter het op 'n kassetspeler die liedjie gespeel waar die Nieu-Seelandse band Crowded House sing: "Always take the weather with you." My pel Marc Degenaar het foto's geneem.

Op een van ons laaste aande kuier ons by vriende wat opsluit wil hê ons moet nou die video van *Once Were Warriors* kyk, oor 'n bendelid se gesinslewe in Auckland. Dalk het hulle gedink dit sou ons voorberei op wat op ons wag. Ons het nie tyd of lus gehad nie en ek het die fliek tot vandag toe nie gesien nie, en ook nie veel blyke van die lewenstyl wat daarin uitgebeeld word nie. Ons bly ver van Auckland se gehawendste woonbuurte af.

Ons laaste aand in Suid-Afrika het ons by my pa oorgebly. 'n Stroewe affêre.

Ek dink dit was op die dag van ons vertrek, of die vorige dag, toe ek iets sê omtrent my skoene. Wag, sê my pa, kom hier buitentoe. Hy laat my op sy agterstoep staan en gaan by die trappies af in die garage in. Kort daarna kom hy met 'n blikkie uit. Ek moet op die stoep se rand staan, en hy staan onder, met sy kop omtrent gelyk met my knieë. Hy haal 'n borsel en politoer uit die blikkie en begin my skoene poleer en blink poets terwyl ek hulle aan-het. Hy staan effe gebukkend, bedag op wat hy doen. Sweet op sy bles. Ek voel die borsel deur die leer. My pa streel my voete.

Ek dink dis die liefste wat ons nog vir mekaar was.

Buiten my LSD-trippie ("look, see, decide") Perth toe, was die trek Nieu-Seeland toe my eerste oorsese reis, en dit nogal met 'n enkelkaartjie. Die verste wat Elsabé al ooit was, was Zimbabwe, in die apartheidsjare om by haar uitgeweke pel te gaan kuier. Ons vlieg eers Singapoer toe, en van daar na Auckland. Bernard is ses, Anna is agttien maande. Ek het nie 'n enkele sleutel nie, want ek het niks wat kan sluit nie. In 'n sakkie om my middel is 'n banktjek vir die totale bedrag van my aardse rykdom – basies wat oor is nadat ons die huis verkoop en die bank hulle deel ge-gee het. Die kar is nog in die Kaap. My pa sal hom verkoop en vir ons die geld stuur. Die meubels gaan per skip.

Toe ons daal vir die landing, kry ek my eerste blik op ons nuwe land: woudagtige heuwels. Ek sou later leer dit was die Waitakere-heuwels aan Auckland se weskus, daar waar hulle die fliek *The Piano* geskiet het.

Deur doeane met kinders en koffers.

Ons vat 'n minibus na die blyplek toe wat ek vooraf bespreek het. Daar aangekom, is dit dadelik duidelik dis nie geskik nie. Ek het dit op grond van die prys gekies, en dis 'n backpackers met storte in plaas van baddens. Met 'n baba gaan dit nie werk nie. Ek vra of ons die bagasie daar kan los, en ons stap 'n paar blokke na die middestad toe. Op pad gaan sit ons in 'n koffiewinkel, kyk na die pryse en maak ons haastig uit die voete. Onder in die hoof-straat is daar 'n toeriste-inligtingsentrum en ek vra die vrou agter die toonbank waar daar 'n hotel is wat baddens het. Sy gee hierdie verwese, verwilderde spannetjie een kyk en sê ons moet sit, sy bel. Ná 'n rukkie kom sê sy daar is een net om die hoek, sy het gebel om seker te maak van die bad, en ons kan sommer soontoe stap.

So beland ons in kamer 511. Ek los vir Elsabé en die kinders daar, en gaan haal ons bagasie. Onderweg huur ek 'n kar by Rent A Wreck of iets soortgelyks.

Uiteindelik is ons almal in die hotelkamer – pa en ma, oop tasse en oorstuurde kinders. Donderdag 13 Augustus 1998. Dag een in Nieu-Seeland.

Die volgende dag loop ons in Auckland se hoofstraat op totdat ons 'n bank sien waar mens 'n rekening kan oopmaak. Ek is verstom dat mense vir die liggie met die groen man wag om die pad oor te steek. As hy rooi is, staan hulle botstil, selfs al is daar nie 'n enkele kar te sien nie. Die kinders gaan saam in bank toe, sit stil op pa en ma se skote terwyl ons die vorms invul. Die bankvrou komplimenteer ons met hulle gedrag. Die arme goed weet nie waar hulle is nie.

Later, in die straat, merk 'n verbyganger op: "It's nice out, ay?"

Huh? Dis gedeeltelik bewolk, of eintlik "partly fine" soos hulle dit hier stel, want wolke is die norm. Agttien grade. Mense kyk my skeef aan oor ek 'n trui dra.

My pel Marc Degenaar se gewese buurman woon in Auckland en kom laai ons op om na huurhuise te gaan kyk. Ons skrik vir hoe duur dit is.

Die Saterdag gaan soek ons self verder, na goedkoper plekke. Ek weet glad nie hoe die stad inmekaarsteek nie (weer eens, die dae voor die internet) en kyk deur *The New Zealand Herald* se geklassifiseerde advertensies. As een huis in Devonport is en 'n ander in Bayswater, weet ek nie die twee plekke lê langs mekaar nie, dus moet ek soek vir een buurt waar daar baie huise geadverteer word. Glenfield het die meeste. Ons gaan met ons huurkar soontoe en kyk. Ons kies die goedkoopste plek, en die agent sê ons moet by haar kantoor kom teken. Hoe kom ek daar? Sy verduidelik, maar nie een van haar verwysingspunte beteken vir my iets nie. Hoe ook al, met behulp van 'n straatkaartboek kom ons uiteindelik daar en teken.

Bernard is diep ongelukkig, want hy hou niks van die plek nie. Hoe meer ons daaroor dink, hoe minder hou óns daarvan. Ek bel die agent. Kan ons asseblief kanselleer, ons het 'n fout gemaak . . . Nee, sê sy, jy het geteken en dis dit.

Dis nogal hardvogtig, het ek gedink. Dit was nie die laaste keer dat ek hierdie indruk sou kry nie, dat daar 'n sekere ongenaakbaarheid intree wanneer geld van hande verwissel. Dis of die Kiwi's sake met minder grasie bedryf as waaraan ek gewoond was. Of dalk het ek maar net meer uitgelewer gevoel.

Die grootste probleem met die blyplek was dít: Ons kom uit Suid-Afrika. Ons weet nie watter faktor die son is nie. Hierdie huis is op 'n helling wat suid front, agter aan 'n ander huis vas. Dalk kry die dak se nok vieruur die middag een straaltjie son, en dis dit. Soos die meeste huise hier, het hy volvloermatte, en dis nie van die skoonste nie. Die plek ruik muf. Iets anders wat vir ons vreemd is, is dat die huis gebou is met 'n houtraamwerk wat met borde oorgetrek is soos die RhinoBoard wat mens in Suid-Afrika kry. Die mure is hol en boesem nie veel vertroue in nie. Onder die matte is die vloere van spaanderbord.

Die Sondag koop ons 'n karretjie, kontant. By die Greenlane-perderesiesbaan trek mense hulle karre en dan stap jy rond en koop een, sonder 'n waarborg of enigiets. Nou kan ons die huurkar teruggee. Geld is 'n faktor by elke besluit. Ons het nie met danig veel rande in Nieu-Seeland aangekom nie, en daardie tyd was dit R3,50 vir een Kiwi-dollar. Beter as deesdae se sowat R11,00 vir 'n dollar, maar selfs toe al 'n bitter pil.

Marc Degenaar se voormalige buurman het gesê hy het vir ons skuimrubbermatrasse vir die kinders en 'n "oorlewingsboks" wat iemand vir hulle gegee het toe hulle hier aangekom het. Daarin is borde, koppies, messegoed, sulke dinge. Ons moet dit kom haal.

Ons ry uit na die westekant van die stad, waar daar woude en heuwels is, en verdwaal liederlik. By 'n keffie – wat hulle hier 'n "dairy" noem, soos in die kinderboek *Hairy Maclary from Donaldson's Dairy* – gaan vra ek aanwysings. Die ou lyk verbyster toe ek van 'n "circle" in die pad praat. Hier noem hulle dit 'n "roundabout". My Suid-Afrikaanse Engels kort aanpassings.

By die mense aangekom, is daar kuiergaste en hulle praat van iemand wat 'n wynmaker by Montana is. Ek dog Montana is waar cowboys rondry, maar daar is blykbaar 'n plaaslike wynmaatskappy met dié naam. In 'n outydse roman sou die skrywer op hierdie punt kon sê: *Min het hy geweet* . . . Montana was in my toekoms, hoewel omtrent toe nog net so ver verwyderd as die Amerikaanse staat.

Dieselfde dag, of dalk die een daarna, ry ons na 'n area toe met baie winkels en koop 'n yskas, want daarsonder kan jy nie, 'n dubbelbed vir ons, en 'n plastiek-tuintafel met vier stoele. Ook 'n rekenaar en skryftafel wat jy self aanmekaarsit en wat nie lank gehou het nie. Die plastiektafel en -stoele staan nou nog hier onder op my dek. Die yskas het tot 'n paar maande gelede by ons diens gedoen, en staan nou by my seun se plek. Die bed is nog hier. Hy is al jarre oor sy best-by date.

Hoe ook al, terug na 1998. Ek ry met die nuwe kar lughawe toe om ons klompie bokse lugvrag te gaan haal.

"Wat is hierin?" vra die doeaneman.

"Speelgoed en beddegoed."

Hy kyk my agterdogtig aan. "Dis baie vir speelgoed en bedde-goed . . ."

Jirre, meneer, ek het 'n baba en 'n kleuter en gaan verdomp nie ten duurste lakens en komberse aankoop nie. Ek glo darem nie ek lyk na 'n smokkelaar of terroris nie.

So toegerus, betrek ons ons nuwe blyplek in Peach Road, en ver-lang dadelik na kamer 511. Die plastiekstoele en yskas staan in die kombuis, ons bed is in wat seker veronderstel was om die leef-area te wees; dis oop na die kombuis toe. Die kinders deel 'n kamer en die rekenaar is in die ander, wat skaars groot genoeg is vir 'n tafel en stoel. Elke aand slaap ons met die yskas se dreuning in ons ore, spanning in die maag en harte waarin die suidoos bly waai.

WERKSOEKER

2 September 1998
Net vinnig om te sê ons is nou op email.

In die dae voor WhatsApp was e-posse die manier om in aan-
raking te bly met mense in Suid-Afrika. Dit het ook, onbedoeld,
'n kroniek geraak van ons lewe hier.

Wat gebeur het, is dat my vriend André le Roux die blink ge-
dagte gehad het om van meet af aan al die e-posse wat hy van
zirkels@kiwilink af kry, uit te druk en later in bundels te laat bind.
Toe ek in Oktober 2022 by hom was, gee hy my drie dik bundels
met ons korrespondensie, beginnende by die een hierbo en tot
diep in 2006 – seker so 1 500 bladsye altesaam, hoewel met baie
wit spasie. Die lateres is nie hier ter sake nie. Nadat ek aanvanklik
omtrent daagliks oor kwessies rondom migrasie geskryf het, het
ons metterjare toenemend oor ander dinge gesels. Die aangehaal-
de e-posse dateer grootliks uit die sestien maande vanaf die een
hierbo tot einde 1999. Daarna raak die gapings baie groter. Hoe
ook al, die e-posse vorm die chronologiese ruggraat van hier-
die boek. Buiten enige ander interessantheid wat hulle dalk in-
hou, bied dit 'n vars, eerstehandse blik op ons vroeë wedervaringe
hier in Nieu-Seeland. Van ons eerste waarnemings het later ge-
blyk verkeerd te wees. Waar iets van dié aard my opval, spreek ek
dit aan.

Ek maak toepaslike uittreksels uit die e-posse, vervang enkele name ter wille van die betrokke persone, bewoord dinge hier en daar duideliker en doen bietjie taalversorging, maar in wese is dit wat daar staan soos ek dit destyds geskryf het. Nou is dit so dat as jy met 'n pel praat wat jy kan vertrou om jou byna alles te vergewe, dan is jou taal nou nie juis keurig nie. Vergeef tog maar die vloekwoorde, die simpel grappies en al die Engels en anglisismes tussenin.

3 September 1998

Almal praat van resessie. En niemand wil my 'n job gee nie. Dus gaan Elsie nou probeer om 'n onderwyspos te reël. Intussen wag ek nou maar om te sien wat word van die kontakte wat ek sover gemaak het, en beskou myself as 'n vryskutskrywer (wat nog bokkerol het om te verkoop). Vandaar die PC.

Hier sit ek dus in my piepklein huisie van karton met 'n soeperdoeper computer. Ons het besluit om beter blyplek te soek, werk ofte not. Hier in dié gat raak mens te depressed en dis te koud. Die kinders irriteer mekaar. Elsabé bibber. Ek dwaal op soek na son.

Dis nou al die vierde agtereenvolgende dag dat dit nie reën nie. Ons is dankbaar. Die gras is nogtans sopnat. Ek het hier kom besef ek het die ding nog al die jare verkeerd, Paul Simon sing nie van New Orleans nie, hy sing van Nieu-Seeland: "C'mon take me to the muddy grass . . ."

Ek sluit ook 'n klompie van Elsabé se e-posse in. Sy is in werklikheid 'n medeskrywer van hierdie boek en ek kan maar net hoop ek kan 'n waardige beeld gee van haar emosies rondom die trek, want haar gevoelens was soveel dieper en omvattender as myne.

Van Elsabé – 4 September 1998

Ek het nou net klaargemaak met my inkantasie van slaap kindjie slaap, daar buite loop 'n skaap. As Anna deesdae gaan slaap, beveel sy ons om "buite" te sing.

Soggens spring Z en ek in ons pajamas op, en kinders op die skoot roep ons ons pos op uit die magic boks. Ons vreugde is groot dat ons vriende ons onthou.

Hier gaan dit vanaand weer beter. Die emosies fluktueer maar so saam met die daaglikse gains en losses. Waarvan daar van laasgenoemde nog die meeste was. Vandag het Z gehoor dat die tydelike subbing job by die *NZ Herald* nie meer beskikbaar is vir hom nie. Die koerant het die week nadat hy hulle gaan sien het, afgeskaal en hulle tydelike subs laat loop. Dit was baie ontstellende nuus, veral in die lig van die feit dat Z vandag 'n kontrak gaan teken het vir die huur van 'n beter woonplek wat meer as 'n duisend rand 'n week meer kos as ons huidige plek. Maar toe het hy darem later ook beter nuus gekry, naamlik dat 'n vryskutjoernalis hier goed geld kan maak. Hy het reeds begin werk aan artikels vir 'n tydskrif en ondersoek ander outlets vir sy skryfwerk. Intussen doen ek aansoek vir registrasie as onderwyser en hoop dat ek 'n werk sal kry.

Ons nuwe woonplek wat ons ongelukkig eers oor drie weke gaan betrek, kyk uit oor 'n wilde woud van inheemse bos – dis regtig lieflik. Swartboomvarings wat mens heeltyd herinner dat jy op 'n eiland bly, staan in sulke klompe bymekaar. Die plek is splinternuut en SKOON. Dis moeilik om hier 'n

26

huurhuis te kry, hoe duur ook al, wat nie tatty lyk nie. Die mense hier koop huise met die doel om hulle te verhuur. Mense kan drie weke kennis gee en waai, met die gevolg dat die huurhuise 'n vreeslike turnover van mense het en baie verwaarloos word.

Die ander ding van hierdie ander blyplek is dat dit warm is. Ek vrek van die koue in hierdie klein prefab opslaanhuisie – jy moet verstaan hoe vreesaanjaend dit is. Die temperature wissel hier tussen 4 en 18°C eenuur in die middag gemeet. Dit reën ook redelik gereeld, wat die koue nog meer ondraaglik maak.

Partykeer sukkel ek maar om alles bymekaar te hou, maar mens is met die kinders gelukkig die heeltyd besig met life-affirming goed soos om vir B 'n skool te soek of te dink hoe jy vir hulle 'n bord kos op die tafel kan sit, en dit help mens om aan te gaan en te probeer, maar dis nie maklik nie. Die enigste werklik esteties-bevredigende plekke wat ek tot dusver hier gesien het, is die dieretuin en dan 'n woongebied wat vol Victoriaanse houthuise staan, of villas soos hulle dit hier noem. Verder is die omgewing mooi, maar besaai met huise waarvan 'n mens kan kots. Ons word hier omring deur water, maar wat ons tot sover van die see gesien het, lyk meer soos 'n dam as na die see waaraan ons gewoond is. Jy ruik ook glad nie die see hier nie. Snaaksste van alles wat die see betref is die pikswart sand soos my skoene op die weskus. Daar is baie yster in a.g.v. vulkaniese aktiwiteit.

Bernard sê ek moet sê dat hy drie dollars by die Nieu-Seelandse muis gekry het. Dit gaan maar van tyd tot tyd moeilik met die arme kindertjies ook. Bernard haat deesdae sy suster. Anna is baie demanding en die klein ruimte in die huis intensiveer al die gewone irritasies. Hoop dit sal beter gaan in die ander huis. Ek en Z is darem nog lief vir mekaar.

Ek hoop dit gaan goed daar. Geniet maar die mooie land waarna my ou hart so smag.

Wat ek van daardie eerste weke onthou, is dis koud en grys. Ons het 'n lewe om te probeer vestig, maar 'n mens moet die kinders ook besig hou. Ons gaan parkie toe. Ons gaan bibber op die strand. As dit reën, gaan sit ons in die biblioteek.

Ek het 'n rekenaar, 'n tafel en telefoon. Ek doen aansoek vir werk, sonder sukses. Een van die eerste dinge wat ek doen, is om by *The New Zealand Herald* 'n draai te maak. Ek was immers jare lank 'n joernalis en dit moet vir iets tel. Maar nee, hulle trek noustrop en in elk geval pootjie my gebrek aan plaaslike kennis my. As ek 'n storie oor die burgemeesterskandidaat Dick Quax moet doen, sal ek nie weet hy was op sy dag 'n beroemde atleet nie. En so aan.

Die reklamewese kan ook geleenthede bied, het ek gedink. Maar waar die bedryf in Suid-Afrika destyds werk vir iets soos 16 000 mense gebied het, is daardie getal in die ganse Nieu-Seeland maar net 750. En ek het nie 'n sterk portefeulje nie. Ek wys vir mense die fliekadvertensie waaraan ek gewerk het en wat internasionaal erkenning gekry het. Hulle het hom al gesien, sê hulle, dis nie 'n nuwe idee nie. Ja, julle het hom al gesien omdat ék die idee gehad het, dit was my advertensie, protesteer ek, maar dit maak geen indruk nie. My beste idee vir 'n persadvertensie sinspeel visueel op 'n muurprop. Hy is nooit geproduseer nie, en ek het net 'n skets van hom. Mense kyk met onbegrip daarna. Eers later kliek ek die muurproppe in Nieu-Seeland lyk anders, hulle weet glad nie waarna hulle kyk nie. Een ou sê direk vir my my werk is nie goed genoeg nie.

Terloops hoor ek in hierdie dae dat my koerantadvertensie vir hondekos onder die opskrif *Blafana-Blafana* 'n Pendoring-toekenning in Suid-Afrika gewen het. Nie dat dit veel help in Nieu-Seeland nie.

5 September 1998

Ek kan nie toelaat dat die omstandighede my (nou kry ek nie die woord nie) "demean" nie. My verklein nie. Onderkry. Daardie soort woord. Ek weier eenvoudig dat my siel boedel oorgee. Totdat ek die dag lyk of ek glad nie meer 'n boedel gaan hê nie. Dan verkoop mens maar seker (weer) jou siel.

Ek voel kouterig hier en ek weet nie of ek die lot ooit sal verstaan nie, in terme van die goed wat hulle in publikasies skryf. Mens sal seker mettertyd die agtergrond optel. Die advertensiemense en joernaliste wat ek gesien het, lyk maar nes dié wat ek ken.

Sekere goed raak nou beter hier. Ek ken 'n paar paaie. Die townhouse wat ons gekry het en waarin ons op 25 September intrek, is binne goed ontwerp en muf en vrot nie soos die ander plekke nie, en hy het 'n mooi uitsig. Hy het geen tuin vir die kinders nie. Maar voor hom is 'n moerse bos waar mens saam met hulle sal kan stap. So 1,5 km van die plek af is 'n groter natuurgebied wat tot teen een van die baie baaie loop. 'n Pragtige wandeling sonder te veel ander mense. En natuurlik met geen slange nie. Daar is goeie goed te sê vir hierdie plek.

Ek hou van die bib waar ek vandag was. Hy is elke dag oop en vol boekemense. Die land roem hom daarop dat hy meer boekwinkels per kop het as enige ander. Hulle adverteer glad nuwe boeke op TV. Maar mens moet bysê hulle het in die algemeen hopeloos te veel winkels, van aller aard. Nou kry hulle nie klante nie en dan kom stop hulle jou posbus vol pamflette.

Ek het eintlik 'n moerse lot te sê, maar dis sommer onbenullighede. Soos dat hulle Mrs Ball's chutney in die Foodtown hier onder verkoop, kompleet met Afrikaanse label. Maar dan ook mentgeur ertjies in blikke, wat vir my vreemd is.

Ek verlang vir jou. Dat ons daardie selfde gesprek van die afgelope tien jaar oor kan hê.

Die gesprek tussen my en André gaan nou nog voort wanneer ek in die Kaap kom. Ons gaan sit op die twee teenoorstaande leerstoele in sy studeerkamer met ons knieë byna teenmekaar, dan gaan ons aan asof ons nou net nog aan't gesels was, al het daar jare verloop sedert die vorige keer. Wanneer ek nie daar is nie, kommunikeer ons net per e-pos. Ons kry dit nie reg om oor die foon lekker met mekaar te praat nie.

Ek het hom by *Die Burger* ontmoet, die dag in 1987 toe ek by die kunsredaksie aansluit waar hy gewerk het en Kerneels Breytenbach baas was. My eerste huwelik was ten gronde en André s'n ook, en tydens ons eerste gesprek bied hy my blyplek aan by hom in sy leë huis in Goulburnstraat, Goodwood. So trek ons toe saam in op die dag dat ons mekaar ontmoet, en begin my nouste en langdurigste emosionele verhouding met enige man.

Toe ek hom leer ken het, het ek reeds geweet van André se skryfwerk, soos die digbundel *Struisbaai-blues*, die novelle *Te hel met ouma!* en kortverhaalbundel *Sleep vir jou 'n stoel nader*. Al sy boeke is aanvanklik verbied. Hy was later assistent-redakteur by *Sarie* en het sy rubrieke oor die jare gebundel en skryf ook niefiksie met 'n sielkunde-agtergrond. Sy tweede digbundel, *Liefde en verset*, het in 2024 verskyn, 47 jaar ná sy eerste.

Ek gee hierdie inligting om verwarring te vermy met die Namibiese joernalis André le Roux, André le Roux du Toit (Koos Kombuis) en Nataniël le Roux, met wie hy ook al verwar is. Toe Nataniël op 'n slag in André se huis in Waterkantstraat oorgebly het en daar 'n inbraak was, het die verslaggewer die twee Le Rouxs verwar. Wat ekstra snaaks is as jy hulle ken. André is die ene been en sening.

André se vrou is Marté, aan wie Elsabé van haar e-posse rig. Elsabé se skrywes aan haar ander vriende het nie behoue gebly nie. Dáár sou nou vir jou 'n klomp emosionele disseksies wees!

Van Elsabé – 11 September 1998

Ons bevind ons hier kompleet in 'n magies-realistiese werklikheid, voel dit my soms.

Elke dag wag ons vir 'n wonderwerk soos dat iemand êrens 'n job vir ons het.

Toe ek by Bernard se skool die sterk reuk van freesias in die blom kry, het dit die besluit bevestig om dit sy skool te maak.

Verder is daar 'n Chinese laundromat-eienaar wat my beskermengel is. Toe ek die eerste keer daar gaan wasgoed was het, was ek so oorweldig deur als dat ek skaars geweet het hoe om die masjien te werk. Verder was ek verskriklik ontsteld toe ek besef dat ek my nuwe winterslaken in die verkeerde wasmasjien gegooi het. Terwyl ek handewringend en met trane in my oë na die masjiene gestaar het, het hy vir my 'n lappie gebring om my hande mee af te droog. Daarna het hy my gehelp om my droë wasgoed op te vou. Hy gee vir my groot goudgeel plastic wasgoedsakke present en hover maar altyd oor my wanneer ek daar is. Die laaste keer wat ek daar was, stop die een wasmasjien en gee 'n unbalanced signal, maar wat ek ook al doen, ek kry dit nie weer aan die gang nie. Toe kom hy, hy blaas oor die wasgoed, glimlag en sê: "It's fixed." En dit was.

In Nieu-Seeland gaan die kinders op hulle vyfde verjaardag skool toe, veels te jonk na my mening. Dan wil die seuntjies veral eintlik nog net rondhol of snot-ossies bou. Of ten minste, my seun wou. Soos hy 'n jaar of drie later vir my gesê het: "Ek hou nie daarvan as my naels kort is nie, want dan is my neus toe."

Laerskool duur van jaar een tot ses. In die volgende twee jare, wanneer die meeste kinders in 'n ongemaklike oorgangstadium is – te groot vir 'n servet, te klein vir 'n tafeldoek – is hulle in middelskool. Hoërskool is van jaar nege tot dertien.

Bernard was al ses toe ons hier aankom. Gelukkig was hy in die Kaap by 'n Engelse Montessori-voorskool en kon darem bietjie Engels praat. Van lees of skryf het hy nie geweet nie en sy portuurgroep wel. Toe word hy in die dom groep gesit, waar dit hom ontstel het hoe die onderwyser die kinders hanteer en hulle ook nie eintlik interessante of uitdagende werk gedoen het nie. Hy het die klasse misgeloop waar hulle geleer word om te skryf, en sy handskrif is tot vandag toe haas onleesbaar. Hy maak byvoorbeeld sy "6" van die middel af en spiraal buitentoe.

In elk geval, deur te begin skoolgaan, raak Bernard toe die eerste een in die gesin wat deel raak van die Nieu-Seelandse gemeenskap, terwyl sy ouers nog van buite af deur die venster loer.

12 September 1998

My matriekklas hou vandag reünie. Watse vreemde lotgevalle het 'n mens tog nie. Dis twintig jaar van matriek af. Dis tien jaar van Goulburnstraat af.

Ek wens ek kon daar (in SA, nie Goulburnstraat nie) gebly het sonder die gevoel van verswelgende gemors waaraan ek nie kon ontkom nie. Dis kennelik anders vir julle. Vir my was dit 'n keuse tussen hopelose angs en onontkombare hartseer. Hier sit ek nou, 'n maand in die hartseer in.

Ek is moeg vir koud kry. Dis nie dat dit so koud is nie, dis net so knaend koud.

Vandag het ons so 140 km suid gery van hier af, na NZ se enigste binnelandse stad, Hamilton. Hy lê aan die walle van die land se grootste rivier, die Waikato. Die dorp se hoofstraat lyk soos Goodwood. Maar jy draai af en dan is jy langs die breë, snelvloeiende rivier, kompleet met paddle steamer soos op die Mississippi met al sy esse. Die beste van als was daar was nie wind nie, die wolke was kleiner as hier en ons het sit en bak in die son. Te lekker.

In die kar op pad terug slaap die hele spul en ek sukkel om wakker te bly. Langs die pad is oral wit kruise waar mense in ongelukke dood is. Ek dink hulle doen dit aspris dat mense mooi moet ry. Al die kruise is standaard government issue, lyk dit my. Omdat mens net 100 km/h ry, ry die lorries net so vinnig soos jy. Hulle haal ons karretjie teen die opdraandes in.

Die dorpies waar ons verbygaan, herinner aan Rawsonville. Die landskap tussenin is heuwelagtig met beeste en skape wat lyk of hulle op grasperke staan en wei. Ons het 'n afgebrande houthuis gesien, en een of twee wat leeg staan, vervalle soos iets wat jy in 'n fliek in die Louisiana swamps sien. Baie goed hier in NZ neig om tacky en tatty te lyk. Net nie die karre nie.

Hier by die huis is Bernard toe die moer in dat ons hom nie vat om by sy skool se speelgrond te gaan speel soos belowe nie. (Dit was te laat, na ons mening.) Anna huil in beginsel, want sy is klein en eiewys. Ek het 'n hoofpyn en Elsabé is depressed. Té lekker. Ons drink koffie. Elsie rook. Bernard sit voor die PC en staar na my screen saver van die spookhuis met die maan en die uil en die kat wat verbyhardloop. Of is dit 'n rot? Anna gaan bad. Dan eet ons almal by ons plastic tuinstoele en tafel, scrambled eggs, behalwe Bernard wat neig om nie dieselfde te wil eet as die res van die gesin nie. Hy eet brood. Dan kyk ons TV, lees stories vir die kinders en stop hulle in die bed. Nog 'n dag verby.

Vanoggend toe ons hier wegtrek, het Anna aan 'n lekker gestik en omtrent gevrek. Ek skop briek vas en laat staan die kar met oop deure in die middel van die straat. Elsie hou die kind op die sypaadjie onderstebo en huil self histeries. Ek slaan van tyd tot tyd die kind tussen die blaaie. Sy raak blou om die mond. Bernard hou aan vra wat gaan aan. 'n Malhuis, sê ek jou. Toe spring die lekker uit en almal droog hul trane op.

(Let op my postmoderne chronologie.)

Nounet het ek 'n boek klaar gelees. Elsabé kyk TV. Ek het vandag niks gewerk nie. Louise Steyn van Tafelberg het laat weet daar is dalk 'n ander boek wat ek ook moet vertaal. Dis baie welkom, maar dit sal tog beter wees om hier 'n vaste inkomste te kry.

Nou tjommel ek. Maar jy moet darem ook besef ons praat nie veel kak met die diere hier rond nie. Die isolasie is ver-stommend. (En hoe raak sê hierdie woord dit nou nie.)

Die vertaalwerk ter sprake was van R.L. Stine se *Goosebumps*-boeke, wat toe gewild was vir die voortienermark. Ek het heelparty van hulle vertaal, hoewel daar fout gekom het met die erkennings en my naam nou in boeke pryk waaraan ek nie gewerk het nie, en andersom. Vyftien jaar later het ek onder meer drie boeke van Wilbur Smith vertaal. Of ek in daardie opsig vooruitgeboer het, weet ek nie.

13 September 1998

Ek soek werk, en nie net fensie werk nie. Die ding is net dat hierdie vrot joppies ook vrot betaal – en dit dan vir my beter is om vertaalwerk te doen teen meer geld, selfs nadat die wisselkoers ter sprake gekom het. 'n Week se vertaalwerk bring soveel in as drie weke se till-slaan, bv.

Die ander ding is ek en Elsie sit nie en maak mekaar mal soos jy vrees nie. Weeksdae sit ek my goeie klompie ure agter die rekenaar in. Die naweeksdae het nou albei verbygegaan met 'n vreeslike klomp kinderaktiwiteite, ook omdat ons Bernard nou deur die week nie meer soveel sien nie. Skooldae hier loop van 9 vm tot 3 nm.

Ewenwel, om terug by die punt te kom: Ek soek enige werk wat ek kan kry. Op die oomblik is die vertaalwerk die beste. Hopelik duik daar nog dié week iets meer permanent op, dan vat ek dit. 'n Kunsgalery/teater hier soek bv. 'n kantoormens. Ek dink ek sal my geluk dalk daar gaan probeer, hoewel ek jare laas boekhou gedoen het en dit ook ter sprake is.

Elsabé se registrasie as onderwyser behoort ook oor so 'n week of drie gereed te wees, dan kan sy begin skoolhou as ek nog nie geholpe is nie.

Vanoggend het ons die kinders na 'n warm onderdakswembad so 'n klipgooi hiervandaan gevat. Ek het gou besef ek is oorbodig daar, en maar teruggekom. Toevallig was dit ook ons warmste dag tot dusver. Maklik die helfte van die sigbare hemelruim was vir 'n lang tyd wolkloos.

Toe het ek koerante gekoop en werksadvertensies gekyk. Daarna het ons vir Bernard en Anna na sy skool toe gevat, waar hy wou speel op al die toerusting wat in die week vir hom verbode is.

Ons het in die buurt daar rondgeloop en gery en gesien dat daar oral pragtige plekke so tussen die woude is. Mense wat werk, sal daar vir hulle 'n skaflike huisie kon koop, reken ek.

My werksoekery is die oorwegende tema van ons vroeë verblyf in Nieu-Seeland, en van die e-posse wat ek hier aanhaal. Ek sou seker met hierdie stelling kon volstaan, maar reken tog die haas eindelose berigte van werk soek help om die ervaring van soveel immigrante tuis te bring. As jy veronderstel is om die brood-winner te wees, maar jy het nie werk nie, oorheers dit jou ganse bestaan. Jou lewe hang letterlik daarvan af.

En dis nie asof ons juis kieskeurig was met die poste waarvoor ons gemik het nie. Jy leer gou dat om jou trots te sluk die enigste manier is om jou maag vol te kry. Later het ek taxi bestuur oor-weeg en Elsabé, met sewe jaar se universiteitsopleiding, het aan-soek gedoen om in 'n groot afslagwinkel rakke te pak. Hulle het haar nie eens teruggebel nie.

Een van die eerste goed wat jy agterkom as jy hier werk soek, is dat jy Nieu-Seelandse ervaring moet hê om een te kry. En jy kan dit net opdoen deur eers 'n werk te kry . . . Nogal 'n dilemma.

Die ander ding is dat jou geskiedenis meteens sonder betekenis is. Of jy sê jy het by Sanlam gewerk of by Apie se Polisdienste, is net eenders. Sasol of Joe's Garage beteken ewe min. Tensy jy by Deloitte of diesulkes gewerk het, moet jy jou CV aanpas om konteks te probeer gee, dat die spul darem verstaan dat jy nie sommer 'n hierjy is nie.

My visumsituasie was dat ek in Nieu-Seeland mag gebly het; die probleem was dat ek nie kon oorleef nie. Hier kom baie Suid-Afrikaners aan wat in 'n slegter situasie is, met visums wat vereis dat hulle binne maande 'n vaste werk kry, anders moet hulle terug-gaan. Ek kan my skaars indink hoe spannend dit moet wees. Vir my was dit erg genoeg sonder daardie valbyl oor my kop.

Aan die ander kant is daar ook natuurlik gesinne wat op 'n Vry-dag opgewonde en eensgesind hier aanland, in 'n vooraf gereëlde verblyfplek intrek, Sondag tientalle ander Suid-Afrikaners by die kerk ontmoet by wie hulle maklik inskakel, en Maandag by 'n werk instap waar hulle hul loopbaan sonder 'n hinkslag voortsit. Hulle ervaring van migrasie is baie anders as myne, maar natuur-lik ewe geldig. As jy gelukkig is, is so 'n seepgladde oorgang jou voorland wanneer jy landuit trek.

'n Vriendin wat ons hier kom leer ken het, het byvoorbeeld 'n professoraat by die Universiteit van Auckland losgeslaan. Die uni-versiteit het 'n agent aangestel om na haar en haar man se migra-sie om te sien, en om verblyfreg vir haar bejaarde, blinde ma te bekom.

Nou moet ek byvoeg dat ek al van heelparty mense gehoor het wat gelukkig genoeg was om met 'n werk in Nieu-Seeland aan te kom, net om dan te ontdek dis nie eintlik die soort werk wat hulle verwag het nie. 'n Ander akademikus wat ons ken, het eweneens 'n werk uit Suid-Afrika uit bekom, maar toe sy eers hier is, ontdek sy die pos is grootliks administratief, met min kans vir klasgee. Metterjare kon sy darem uitkom waar sy wou, en ook sy is nou professor by die Universiteit van Auckland.

'n Mens kan eintlik nie verwag dat jy hier sal voortgaan soos in Suid-Afrika nie, en dis nogal tipies dat immigrante hier nuwe loopbane begin. 'n Bedryfsielkundige saam met wie ek op skool was, was tevrede om 'n klompie maande lank hier 'n padwerker te wees. Hy het gesê dis lekker om aan die einde van die dag terug te kyk en jou handewerk te kan sien. 'n Joernalis wat ek ken, het hier eers 'n sekuriteitsbeampte en toe 'n busbestuurder geword. Die joernalis en skrywer Ryk Hattingh het hier kom skoene reg-maak. Jy moet jou maar nie te opstêrs hou as jy 'n immigrant is nie.

19 September 1998

Ons gaan môre (Sondag) na Tauranga ry om te kyk hoe dit daar is. Maandagoggend sien ek 'n reklame-agentskap daar se baas, dan kan ek en hy moontlik besluit dat ek die res van die week daar kan werk dat ons mekaar beter kan uitkyk, en dan kry ek of kry ek nie 'n werk nie.

Behalwe as Maandagoggend se ding 'n totale disaster is, sal ek waarskynlik die ou by die bosbou-tydskrif laat weet dat ek nie in daardie pos belang stel nie. Die maatskappy daar lyk heel goed en ek sal wel nog later in 'n ander hoedanigheid daar betrokke kan raak. Dis net dat die bosbou-storie sal beteken ek moet my vir minstens twee jaar verbind. Die onder-werp staan my nie veel aan nie en ek sal nogal baie weg van die huis moet reis. En die geld is maar so-so. Dus gaan ek maar eers die ander, aantrekliker opsie uitkyk.

Ewenwel, julle hoor teen die naweek straks weer van my. Dan moet ons trek – óf na ons nuwe adres in Auckland, óf as als voor die wind gaan, slaan ek sommer daai trek oor en trek direk Tauranga toe.

My lewe hier is baie onseker en dis in dié stadium moeilik

om vooruit te weet wat kom. Maar dit lyk darem of ek werk sal kry iewers, eendag.

Ons het Bernard weer uit die skool gehaal. Dit was bietjie van 'n flop. Toe vind ons 'n goeie een wat 'n ander SA kind in die afgelope maand leer lees en skryf het. Bernard moes Maandag daar gaan begin, maar nou gaan ons in Tauranga sit en dalk soontoe trek ook. Dus moet hy nou maar eers weer vakansie hou. Die arme outjie kry swaar. Boonop raak sy tande links en regs, bo en onder los.

Ons roep vir Anna om te kom eet, dan skree sy: "Coming!" Die dingetjie leer teen 'n bose spoed.

My vrou het 'n humorsin ontwikkel wat my telkens koudsit. Ek stuur haar sommer terug weens gebrek aan respek vir my. Maar waarvoor gaan ek tog lag indien nie vir myself nie?

Oor die ryery. Die kronkelrige aard van die Nieu-Seelandse paaie bring mee dat dit langer vat om enige afstand af te lê as wat jy dink. Boonop is die spoedgrens net 50km/h in die dorp en 100km/h op die snelweg en oop pad. Mense hou grootliks daarby. En wat vir my vreemd was, was dat hulle neig om paaie met die rûens langs te bou, eerder as onder in die vallei soos ek dit in Suid-Afrika leer ken het. Vermoedelik is dit uit vrees vir water.

Van Elsabé – 24 September 1998

Terwyl ek sit en luister na die goddelike musiek van Bach met my liefste Annatjie in haar dik pienk jassie op my skoot, dink ek dat ek eintlik blissful behoort te voel, maar eerder angstig en droefgeestig is. Ek is vanoggend alleen by die huis met Anna. Z het vanoggend nog 'n headhunter gaan sien en Bernard is sleepvoetend hier weg skool toe. Die oordrewe fokus

39

op lees en skryf in die skole hier irriteer my en ek verstaan as Bernard in sy woorde dit moeilik, maar vervelig vind. Ek weet nie of ek projekteer nie, maar dis asof daar 'n soort gelatenheid oor die arme kind gekom het – miskien ook die teleurstelling van verwagtinge wat hy gehad het. Waarvan die mees onlangse een, die hoop om vir die week aan te bly in die motelwoonstelletjie net oorkant die see in Mount Maunganui (by Tauranga) as ek nou die naam reg het.

Dit is waar ons laas Sondagaand oorgebly het toe Z gegaan het vir 'n onderhoud by die advertensiemaatskappy. Daardie aand was ons almal so gelukkig. Ons het op 'n bank gesit en uitgekyk oor die see. Die kinders het op en af by die trappe gehardloop of uitgehardloop op die balkon. Dit was nie te koud nie, maar dit was nogtans 'n groot luxury om elektriese komberse op al die beddens te kon hê. Ek kan skaars beskryf hoe ons die plek waardeer het. Toe Z die volgende oggend terugkom van sy onderhoud en ons dadelik moes vertrek (ons kon nie langer bly nie, dit was eenvoudig te duur) het arme Bernard op die trappe in duie gestort en vir die soveelste keer vandat ons in die land aangekom het, hartverskeurend gehuil. Ons het almal die teleurstelling moeilik verwerk, want ons wou almal graag daar bly – sommer vir altyd wat ons in NZ is. Op die pad terug het ek met verlange gekyk na die bordjies wat restaurante en teekamers adverteer, want ek het al klaar gedroom van hoe ek saam met my vriende uit SA daar sit en tee drink.

Het ek daardie pos in Tauranga gekry, was ons hele migrasie-ervaring baie anders en hierdie boek veel meer opgeruimd. Ons dink nou nog van tyd tot tyd daaraan om dalk soontoe te trek.

40

Die weer is beter en die nabygeleë Mount Maunganui is 'n lekker lewendige stranddorpie vol jongmense uit ander lande wat in die koffiewinkels werk. Wanneer ek daar is, voel dit vir my na 'n plek waar ek 'n storie kan laat afspeel. Auckland roer my helaas nie so nie, hoewel ek my selfgepubliseerde misdaadverhaal *Nobrainer* hier laat afspeel het.

Kort ná die teleurstelling van die werk in Tauranga wat nie gerealiseer het nie, het ons uiteindelik getrek uit die eerste hool waarin ons gebly het. Soos omtrent elke ding in die nuwe land, word ek met die trekslag gekonfronteer met dinge wat ek nie weet nie. Soos wat om met die vullis te doen. Dis nog nie uitsitdag nie en kan ek dit dus maar in die drom los? So vra ek toe die property manager, en hy sê nee, ek moet dit saamvat. Dus trek ek toe onder meer met 'n sak vullis.

Hierdie property manager, terloops, was voorheen 'n soldaat en het steeds die sammajoor-houding gehad, en 'n pers drinkersgelaat. My interaksie met hom het my eweneens aan my armydae herinner.

As ek dink aan die slegste tye in my lewe, kom drie dadelik by my op: Die eerste klompie jare in Nieu-Seeland vat die koek, maar tweede en derde in die ry staan die einde van my eerste huwelik en my dae in die army in Voortrekkerhoogte. Ek onthou met my eerste pas ná ses weke van basiese opleiding, koop ek 'n Coke by 'n kafee in Westdene, Johannesburg. En toe staan ek verlore daar rond met die toe bottel in my hand. Later vra ek vir die vrou agter die toonbank: "Mag ek hom oopmaak?"

My indertydse vrou, Liza, wat by my was, het haar vervies dat ek so stupid kan wees. Ek het die blerrie ding immers gekoop en kan mos met hom doen net wat ek wil. Maar dis weke lank by my ingedreun dat ander mense al jou besluite neem.

Daardie uitgelewerde gevoel het ek pal in ons eerste maande in Nieu-Seeland gehad, asof jy so half in die pad is, verskoning moet maak en toestemming vra vir als.

Die nuwe plek waarheen ons getrek het, in Waipa Street, was een van 'n ry aaneengeskakelde sederhuisies wat front op 'n diep en digbeboste kloof. Dubbelgarage onder en twee verdiepings bo-op, met 'n piepklein tuintjie agter. Leefruimte op die middelvlak met die kombuis en ons plastiekstel, slaapkamers bo met die kinders se matrasse, ons bed en die rekenaartafel.

Bernard het gesien hoe sy ouers aan die rekenaar gekluister is, en skryf toe self 'n paar dae later die volgende vir André, so met Engelse fonetiek:

> Halow hoo gan dit? Dis baylakr om fan yilir te woor. En skryf
> fr os. Os is bay arm. Stir fir ons 'n sak fol van geld en ak wop
> dit is i klomp geld.

As armoede by die voordeur inloop, loop geld by die agterdeur uit, sê my pa in hierdie tyd oor die foon vir my. Hy kry die spreekwoord verkeerd, dis liefde wat veronderstel is om by die agterdeur uit te skoert. Dat ek en Elsabé dit met mekaar uitgehou het deur daardie jare, is 'n wonderwerk. Ek het haar verraai. Ek het haar teen haar sin na 'n vreemde land toe gebring met die belofte dat ons sou kon terugkeer Suid-Afrika toe as dinge nie uitwerk nie, maar toe skop ek vas. En dinge werk nie uit nie.

Dit is die verbreekte belofte wat my die meeste pla, maar dit is helaas nie enig in sy soort nie. Daar was ander kere dat ek dinge teenoor myself en ander onderneem het waarby ek toe nie gehou het nie, en kere wat ek mense versaak of teleurgestel het. Soos die meeste van die wêreld se euwels, spruit my wandade uit onkunde en swakheid eerder as uit kwaadwilligheid. Hierdie dinge het pit-sere in my gemoed geraak wat soms in die neweling van die nanag uitbars en maak dat ek myself lê en verwens. Maar genoeg daaroor. Soos 'n tennisspeler wat letterlik omdraai en die punt agterlaat wat hy pas verloor het, só moet 'n mens jou selfhaat tersyde stel, sodat jy darem jou kant kan bring in die lewe.

Die emosionele tol van daardie tyd is kwalik te beskryf. Ek het met my besetenheid my gesin ontwortel en almal kry swaar, my geliefde vrou die meeste van almal. Van die beter lewe wat ek hulle wou bied, kom dadels.

Naweke is lank. Ons moet die kinders besig hou. As die weer nie goed is nie, kos dit geld om iewers heen te gaan, buiten die een park ná die ander. As dit reën, is dit die biblioteek. Ons gaan soontoe en laat die kinders lees of na boekies kyk. Elsabé weier tot vandag toe om weer haar voet in daardie biblioteek te sit. Vakansie-dae bring soortgelyke uitdagings.

Dis nie noodwendig 'n situasie wat met migrasie verband hou nie, maar wel met 'n tekort aan geld en/of ondernemingsgees. Ek onthou eenkeer toe ek 'n student in die Kaap was, hier by 1980 rond, is dit 'n vakansiedag en om die dag darem 'n fokuspunt te gee, gaan ek en my destydse girlfriend – einste Liza met wie ek later getroud was – na die Spur toe in Nuweland. Ons sorg dat ons genoeg geld het om elkeen 'n burger te bestel, asook koeldranke of koffie. Toe ons amper klaar geëet het, kom daar 'n kennelik arm wit gesin aan; pa en ma stoot die kinders voor hulle uit. Die kleintjies lyk tegelyk opgewonde en bang, soos in 'n spooktonnel. Hulle gaan sit en, terwyl ek my laaste tjips instop, hoor ek hulle bestel een burger. Een. Vir die hele gesin. Toe die hamburger kom, kry elke kind 'n paar tjips, ma vat die boonste broodjie en pa takel die res met 'n mes. Dis toe dat my ete erg ongemaklik in my maag beginne voel en ek maak dat ek daar wegkom. Min wetende dat ek dekades later in 'n soortgelyke bootjie sou wees.

Want in daardie eerste jare in Nieu-Seeland het ons nou en dan uit pure desperaatheid na McDonald's of 'n ander kitskosplek toe gegaan, al het ons eintlik nie geld daarvoor nie. Dan bestel ons net vir die kinders en sit en hoop hulle los 'n paar tjips oor vir ons. Ek kyk met lang oge na die oorskiet op ander tafels. Hoe kan mense kos so laat staan? Ek wens ek het die moed gehad om daarvan te gaan gaps voordat die kelners opruim.

Misdaad het my uit Suid-Afrika gedryf, maar ek verstaan nou enige ou wat steel om sy kinders te versorg.

Net vanoggend sê Elsabe vir my sy het betaal vir pille en dit was dalk onnodig, want ons mediese fonds kan straks die koste dek. Ek is min gepla, maar dink toe watter ramp hierdie gebeurtenis in ons eerste jare in Nieu-Seeland sou gewees het, toe enige onvoorsiene uitgawe paniek kon ontketen. Dis wat gebeur as jy finansieel gesproke op die rims loop – enige klippie in die pad stamp jou van koers.

Die geldnood in die maer jare noop my later om iets te doen wat ek nooit gedink het ek sou nie: Ek doen aansoek om welsyn. 'n Slinkse bemarker het met die idee vorendag gekom om die staatswelsyn in Nieu-Seeland *Work and Income* te noem, terwyl die ontvangers nie een van die twee het nie. Ek steek eendag my trots in my sak en probeer so onsigbaar moontlik by *Work and Income* se plaaslike kantoor inglip. Daar moet ek ons nood verduidelik, ons geldsake voor 'n agterdogtige amptenaar uitlê wat al elke hartseer- en strontstorie gehoor het. Die veronderstelling as jy na hierdie land toe kom, is dat jy nie binne die eerste jaar vir die staat geld moet vra nie, maar ek kan nie anders nie.

Daarna ontvang ons 'n ruk lank aalmoese van die staat. Met

belastingtyd die volgende jaar besluit iemand ons was nie heelte-
mal arm genoeg nie, en moet ons alles teruggee wat ons gekry het.
So het ek toe die vernedering van welsyn sonder die gepaardgaan-
de verligting. En ek neem my voor: Nooit as te nimmer weer nie,
ek leef liewer van aartappels.

Hierdie besonderhede bly onvermeld in die e-posse, uit skaam-
te. 'n Mens het mos darem 'n vel oor jou gesig.

Sulke armoede is helaas nie iets wat net ons te beurt geval het
nie. Ek hoor anderdag 'n Suid-Afrikaanse vrou vertel dat sy vir
haar gesin 'n pastei gekoop het, toe eet sy 'n stukkie kors en gee
die vulsel vir die kinders. Die beter lewe waarop immigrante hoop,
kom partykeer langsaam en partykeer glad nie.

Later jare vra ek eenkeer vir Bernard wat ons anders moes ge-
doen het as ouers, en sy antwoord was dat ons nie ons kommer
oor geld so met hulle moes gedeel het nie. En ek staan tereggewys.
Die ontwrigting van trek was al klaar erg genoeg vir die kinders,
die verlies aan alles wat hulle in hul kort lewens leer ken en koes-
ter het, en dit sonder die breër perspektief van 'n grootmens. 'n
Kind dink dat dit wat hy tans beleef, die hele lewe is. Boonop is
hulle vroeë kinderdae geknou deur hul ouers se gedempte geestes-
toestand en die spanning in die huis.

Dít blyk uit die res van Bernard se e-pos, wat Elsabé toe vir hom
tik terwyl hy dikteer:

> My pa sit net op die computer elke dag. Hy bring omtrent niks
> tyd met ons deur nie en my ma skel hom uit in woede en my
> ma word so kwaad. Elke dag kom daar 'n vorm aan dan moet
> hy altyd heel eerste dit doen en hy doen heel laaste die belang-
> rikste goed. Hulle begin mekaar dood te maak, want my pa hy
> doen altyd die aakligste goed waaraan jy kan dink.

Elke oggend nadat ons geëet het, kom sit ek op die computer en my pa word uitgeskel omdat hy nie iets met Anna doen nie en wanneer ek in die oggende van die PC af kom, ek kom omtrent net daar onder, dan gaan hy op computer toe, dan sit hy omtrent daar vir die hele oggend.

Die ander goed wat ek in die huis doen: Ek hardloop op en af met die trappe en wanneer ek onder by die trappe is, dan hardloop ek dadelik weer op en wanneer ek weer bo is, dan hardloop ek weer af. En ek kry soveel leeswerk, maar ek lees niks by die skool nie en ek lees so baie by die huis. Ek is nou in jaar een. Ek is in klas drie en ek weet al waar mag 'n mens wanneer speel en waar mag 'n mens nie wanneer speel nie. En die kinders in die skool is baie nice, maar mens moet alles vir die juffrou doen en as jy nie iets vir die juffrou doen nie, doen jy iets vir die kinders, en as jy nie iets vir die kinders doen nie, dan doen jy werk.

Nou ja, daar het jy dit uit die mond van die suigeling: Elsabé skel en ek doen die aakligste goed. Nou moet ek darem bysê dat Bernard van sy dag af 'n geweldige terggees is, met 'n liederlike humorsin. Ek hoop hy was nie doodernstig nie. Maar kan nie seker wees van my saak nie.

As 'n mens so afgesonderd lewe, raak die gesin uiteraard die spilpunt van jou bestaan. Ek het 'n storie gehoor dat die Inuïte se vermaak tydens die lang winters glo is om die kinders in die igloes dop te hou, en so was dit vir ons ook. Ons is tot vandag toe uitermatig gefokus op die kinders en leef so 'n bietjie deur hulle – ingeburgerde Kiwi's wie se lewensherinneringe en vriendekringe hier gewortel is.

'n Ander gemis is dat jou vriende en familie nie jou kinders sien grootword nie. Daar is niemand wat raaksien hoe oulik hulle is nie. Vergun my dus om nou en dan hier oor hulle te skryf – enersyds omdat dit vermaaklik is, maar ook in donkerder trant, oor hoe die ontheemding hulle geaffekteer het.

Hoewel my naam op die voorblad staan, is dit my hele gesin se storie. Ek het hulle almal in diep waters gedompel omdat ek hulle wou red van iets waarvan hulle dalk glad nie gered wou word nie. Dit, terloops, is die tematiese onderbou van my Boereoorlog-boek *Halfpad een ding*. Daardie storie het in die stilligheid eintlik gegaan oor een van die belangrikste goed in my lewe.

Van Elsabé – 4 Oktober 1998

Hier is dit maar min of meer konstant bewolk, van die son sien ons nie baie nie. Dit maak die verlange na SA nog groter, natuurlik. Vandat ons hier in ons baie beter blyplek ingetrek het, het dit vreeslik baie en aanhoudend gereën. Ons kan dit hier darem beter hanteer – in die ander huis het ons gedink ons gaan wegspoel of heeltemal verdwyn onder die nat aarde in.

Selfs hierdie huis wat oor drie vlakke strek raak later te klein en ons het uitgery Takapuna toe waar ons bietjie in die lekker groot biblioteek wat oor die stil see uitkyk, rondgestap het. Z het 'n paar CD's uitgeneem en ek 'n klompie boeke vir die kinders.

Na Anna se middagslapie is ons na Lollipops toe, 'n binnenshuise speelplek vir die kinders. Daar drentel die ouers maar so agter die kinders aan en probeer om nie te vervreemd te voel nie.

Môre gaan Z vir 'n onderhoud by 'n low-key advertensiemaatskappy wat moontlik redelik gereelde vryskutwerk vir hom het. Ons hou maar duim vas. Ek kan nou uiteindelik registreer as onderwyseres en sal seker so oor twee weke kan aansoek doen vir kunsposte by skole.

My woorde is maar steeks in hierdie briefie. Ek dink ek moet nou liewer afsluit. 'n Ander dag gaan dit weer beter. Baie dankie vir al die korrespondensie. Dit help met die groot hartseer heimwee.

Net soos Esther in *Halfpad een ding* is Elsabé verloën deur iemand wat gedink het hy red haar. Die hartseer wat my besluit om te emigreer haar aangedoen het, is loshande die slegste ding omtrent die trek hierheen. Sy is my oudste vriendin en vrou van my drome, my lewensmaat vir baie jare al.

Om te verduidelik hoe dinge tussen ons is, moet ek die storie ver gaan haal.

Ek het haar in die wintervakansie van 1975 ontmoet. Sy en my ouboet André het mekaar kortstondig uitgekyk. Drie jaar later gaan klop ek as matriekseun een Sondagaand ná kerk aan haar ouers se voordeur, so twee straatblokke van ons huis af, en vra om met haar te praat. Toe sy deur toe kom, sê ek: "Ek is André se broer en ek wil jou ken."

En so raak ons vriende. Sy het kuns geswot op Stellenbosch, maar het in daardie stadium by haar ouers in Bellville gebly. Saans kom sy met die trein terug en loop van Stikland-stasie af huis toe. Dan wag ek haar in en stap saam. Party aande sit ons in haar kamer en sy praat oor kuns en musiek en die goed wat haar opgewonde maak. Onder meer lees sy vir my stukke uit *Women in Love*, onthou ek; Ursula Brangwen wat so in die mistigheid tussen die beeste dwaal. Van romantiese liefde tussen ons was daar geen sprake nie – sy was op universiteit, ek nog op skool. Sy is lank en mooi en ek 'n onaansienlike pikkie.

Toe ek 'n klompie jare later op universiteit is en saam met Liza woon, kom Elsabé eendag daar aan en ons gaan sit in 'n park en praat oor 'n lewensdrama waarin sy haar bevind. Ná die tyd merk Liza op dat ek en Elsabé goed by mekaar pas.

Jare gaan verby waarin ons later kontak verloor. Op die dag toe Mandela vrygelaat word, stap ek en my indertydse geliefde (dis nou jare ná Liza) van die Tuine af terug na ons woonstel toe, so dwars met al die mense wat Parade toe tou om na Mandela te gaan luister. Daar sien ek vir Elsabé en gaan sê hallo.

Hierna sien ons mekaar soms en ek nooi haar na my eerste boek-bekendstelling toe, vir *Ekstra dun vir meer gevoel*. Iewers merk my girlfriend op dat ek en Elsabé goed by mekaar pas . . .

'n Klompie weke later stap ek en André le Roux, ontvanger van die e-posse wat ek hier aanhaal, van die werk af en ek sê vir hom ek het hierdie idee dat ek met Elsabé moet trou, is ek mal?

Nee, reken hy.

Daardie aand doen ek iets wat agterna beskou wreed was, hoe-wel darem nie oneerlik nie: Ek sê vir my girlfriend ek dink ek moet met Elsabé trou. Verbeel jou dat die man saam met wie jy woon, uit die bloute onthul hy wil met iemand anders trou. Ek is nie trots hierop nie, maar weet ook nie wat anders ek kon gedoen het nie.

"Wat sê Elsabé hiervan?" wil sy weet.

"Elsabé weet nie, ek sê eerste vir jou."

Waarop sy met verbysterende grootmoedigheid reageer: Sy leen vir my haar kar en sê ek moet dadelik vir Elsabé gaan vra. Vir daar-die girl het ek tot vandag toe net waardering en respek.

So ry ek die aand na Elsabé se huis toe in Woodstock en sê ek wil haar iets vra.

"Wag," sê sy, "laat ek eers 'n sigaret opsteek."

Ons sit oorkant mekaar in haar sitkamer.

"Ek het hierdie idee dat ons twee moet trou."

Sy blaas 'n stroom rook uit. "Dit klink na 'n goeie idee."

En dis dit. Ons is op 7 Oktober 1990 getroud en kry van toe tot nou elke jaar gelukwensinge van André en Marté om ons te herinner – ons vergeet gewoonlik self die datum.

8 Oktober 1998

Baie dankie vir julle goeie wense. Dit het ongelukkig nie veel gehelp nie, met die 7de van die 10de een van die kakste dae nog hier. Ons het gegaan om die dag te vier by 'n koffieplek hier in Birkenhead wat lyk of hy in Langstraat sou kon gewees het. Hy het teëltjies tot bo teen die plafon. Was glo 'n slagtery tagtig jaar gelede.

Op pad kyk ek ons pos en daar is 'n spoedboete van $120. Ek het dit nou wragtig nie nodig gehad nie. My vrou het ontplof en die land beswadder. Toe gaan drink ons maar in elk geval koffie wat nie baie lekker was nie en bestel koek wat insgelyks nie lekker was nie. Myne het 'n 3 cm laag gerasperde klapper op gehad.

Die werk by Sky TV waarvoor ek reken ek die ideale kandidaat is, het ek toe nie gekry nie. Nie eens die onderhoudlys gemaak nie. Ek wil hulle nog bel om meer uit te vind, omdat dit my verstand te bowe gaan. Maar niks goeds kan natuurlik daarvan kom nie.

Hier is aan en af vryskutwerk wat ek waarskynlik sal kry, maar die werk is ongereeld en hulle betaal blykbaar net $20 per uur en ek sou wou mik na minstens dubbeld of selfs drie keer soveel.

Dan skryf ek ook sulke oppervlakkige en vervelige joernalistieke goedjies teen 30c 'n woord. Daarmee kan ek darem so $150 'n week maak, want dit lyk na iets wat herhaalbaar is.

Eergister was 'n pragtige bloulugdag, ons beste weer nog. 'n Mens moes rondkyk om wolke te sien. Vandag waai hier 'n wind wat Woodstock na die kroon steek. Weersgewys is Auckland kakkerig, laat ons nou maar eerlik wees.

Elsabé sou sê dat die dubbelkaa/middelaa-woord die land in alle opsigte goed beskryf. Sy wil terug.

Nou net laat weet die onderwysdepartement hulle kan Elsabé nie nou al as onderwyser registreer nie, want haar kwalifikasies moet eers geëvalueer word, omdat sy haar HOD as deel van haar kunskursus gedoen het. Hulle kan dus nie sommer sien sy is reg gekwalifiseer nie. Dit beteken nog so twee maande voor die registrasie kan plaasvind. Jolig, jolig, jolig.

Werkgewys is daar 'n ander ding in die lug. Hulle soek iemand om vir ses maande 'n TV-programboek te sub. Die goeie hieraan is dis 'n inkomste by 'n tydskrifmaatskappy, waar mens natuurlik kontakte kan opbou. Dit is darem vir my asof party van die baie mense wat ek al gaan sien het, nou begin bel met dit en dat waarvan hulle gehoor het. Die sneeubal groei stadig. Maar ek hoop dat hy een van die dae 'n geluk tref voordat hy 'n boom tref.

Ek val vas in my metafore.

Hier is heelwat goggas. Bietjie soos Durban. Nou een aand het Elsabé 'n spinnekop doodgetrap wat 'n tyd lank gedreig het om haar van hom af te gooi. Moerse ding.

Die joernalistieke werk waarvan ek hier skryf, was vir 'n weeklikse koerantjie wat net uit kleinadvertensies bestaan. Daar werk 'n ou van Somerset-Wes af en hy kry my om sulke flou stukkies te skryf wat nie oud word nie, soos hoe om 'n kat of hond by die SPCA aan te neem.

Ewenwel, hier in 2015 se koers doen ek aansoek vir 'n deel-tydse pos by Bank of New Zealand en kry dit toe. En wie is my baas? Einste ou van Somerset-Wes!

Ek het twee jaar lank daar gewerk as kopieskrywer in die bemar-kingsafdeling, twee dae 'n week, en tussendeur by die huis vry-skut gedoen en geskryf aan 'n storie wat vir my onverwagse erken-ning sou bring: *Ek wens, ek wens*. Mense dink blykbaar skrywers rol in die geld. Enkeles kry dit wel reg, maar ouens soos ek raak bankamptenare wat saans stories uitryg.

Van Elsabé – 11 Oktober 1998

Na 'n week van woeste wind en reën kan ek die verlange na ons huisie in Mowbray in die son nie meer uithou nie. Ek oor-dryf nie as ek sê dat dit swaar gaan met ons op die oomblik nie. Selfs Z soek bevestiging by ander mense dat die besluit om hierheen te kom die regte een was. En dit vind ek scary.

Vandag sal ek en miskien Z ook die kinders vat na 'n onderdakse, warm hemba-hemba, soos Anna vir swembad sê. Hier word 'n mens gedwing om groter moeite te doen om die kinders te vermaak, want jy kan hulle nie net in die tuin instuur om hulleself besig te hou nie.

Ek wil graag skryf, maar jy ken daai hartseer wat 'n mens van jou woorde ontneem. Dis hoe ek op die oomblik voel.

Die grootste rede waarom dit vir my so erg is om aan daardie vroeë dae te dink, hoekom dit my 25 jaar gevat het om oor hier-die tyd te kan skryf, is oor die geweldige effek wat dit op Elsabé en die kinders gehad het. Die letsels van daardie tyd sal hulle nooit verlaat nie. Daar was jare der jare wat ek snags wakker word en hoor hoe Elsabé in haar kussing snik. Om nag ná nag langs jou geliefde in die bed te lê en te luister hoe, in die digter Martinus Nijhoff se woorde, haar stukkende hart *rammelde van de scherven*, is by verre die swaarste ding wat ek nog ooit deurgemaak het. Jy lê in die greep van 'n stoeier wat sy knie in jou rug stamp en jou strot toedruk, en die stoeier is jyself. Hy huil saam met jou, maar bly desondanks jou keel stywer en stywer klem.

12 Oktober 1998

Ek het nog nie werk nie, en hier word tans niks toepasliks geadverteer nie. Ek het toe vandag gaan sit en dink, en ek dink ek gaan nou TV-produksiehuise begin bel. Miskien is daar in daardie veld iets.

Ek bel toe 'n ou wat 15 jaar gelede saam met my in die army was. Hy het net na army hier kom woon. Nou het hy 'n film-beligtingsmaatskappy. Hy het gesê hy sal dink of hy vir my iemand kan aanbeveel. Intussen moet ons Sondag by hulle gaan eet. Hoe dit sal gaan, weet ek nie. Ons eerste sosiale outing in NZ!

Laas Sondag stap ons in 'n bos hier naby. Dis wat ons doen as die weer okay is, want mens word mal so by die huis. Dis 'n pragtige bos, dié een. Ewenwel, daar sit ons toe op 'n bankie waar die paaie split, en kry ons asem terug na 'n steilte op pad terug kar toe. Volgende ding kom daar 'n vrou met 'n bruin poedel aan en sy begin met ons praat. Soos my oupa sou gesê het: en die een en die ander en dié en daai. Die uiteinde is dat sy haar foonnommer vir ons gee en sê ons moet bel. Haar swaer het 'n een-man-advertensiebesigheid. Hy kan dalk vir my iets nuttigs sê.

Om die storie verder te vertel: Daar onthou ons haar nommer verkeerd. Ons bel en kom by 'n faksmasjien uit.

Uiteindelik probeer ek vandag 'n variasie op die nommer en daar werk dit, en ek los ons nommer op haar antwoord-masjien. Dit blyk toe dat Elsabé al die tyd reg was oor die nommer en ek verkeerd. Maar die probleem is ek luister mos nie na haar as sy van my verskil nie.

Anyway, ons sal nog sien wat word van die dame met die bruin poedel.

Toe ek vandag so dink oor my en werk, toe dink ek my talent en ondervinding lê hierin: die verpak en oordra van inligting, verkieslik op papier, maar ook in ander media. Toe probeer ek dink waar kan mens dit oral gebruik. Vandaar die TV-gedagte van so 'n paar paragrawe boontoe. Ek het aan ander opsies ook gedink, wat ek so een-een sal takel.

Hierdie ou army-makker van my in die filmbedryf is Adi, in die vroeë 1980's rebelse musikant in Kaapse bands soos Permanent Force, The Banned en Cold Front. Ons was saam in die Kasteel tydens diensplig, maar was nie juis pelle nie. Ek het wel een aand in Observatory na sy band se konsert toe gegaan, waar Melinda ook was, nou sy vrou, maar ons het mekaar nie toe raakgeloop nie.

Oor die jare hier het ons goed bevriend geraak, kuier gereeld saam en was al 'n paar kere saam op vakansie.

Adi-hulle se emigrasie was baie anders as ons s'n. Hy en Melinda kom albei uit 'n agtergrond van nogal nomadiese mense. Adi se oupa het in 1939 uit Europa Suid-Afrika toe getrek. Albei Adi se broers het Suid-Afrika in die 1980's verlaat om diensplig te vermy en kon hulle met hul Europese paspoorte in Brittanje vestig. Sy suster woon nog in die Kaap.

Melinda se pa was 'n Suid-Afrikaner en haar ma 'n Kiwi. Die

gesin het heelwat tussen lande rondgetrek, en het onder meer in België en Engeland gewoon. In 1979 het Melinda se ouers en jongste broer hulle in Nieu-Seeland naby haar ma se familie kom vestig. Melinda en haar ouer broer het agtergebly om hul universiteitsopleiding onderskeidelik in Suid-Afrika en Engeland te voltooi.

'n Militêre kamp in 1986, waartydens Adi 'n Buffel in die onlusgeteisterde Crossroads naby Kaapstad moes bestuur, was vir hulle die laaste strooi. Hulle het opgepak en Nieu-Seeland toe gekom om by haar familie aan te sluit. Omdat Melinda deur haar ma 'n genaturaliseerde Nieu-Seelandse burger was, kon hulle albei die land moeiteloos binnekom en dadelik werk soek. Die enigste struikelblok was dat hulle 'n onderhoud met 'n immigrasie-agent moes hê om te wys dat hulle verhouding nie 'n foefie is om vir Adi in te smokkel nie! Dit was nog voor die groot toeloop van Suid-Afrikaners wat later strenger reëls en regulasies meegebring het.

Melinda en Adi was toe nog albei in hul twintigs, het nie noemenswaardige bates besit nie en het nie juis gevoel asof hulle iets van veel waarde in Suid-Afrika agterlaat nie – veral nie Melinda, wat niks meer familie daar gehad het nie. Hulle was anders as mense wat op 'n hoër ouderdom migreer, nadat hulle gewoond geraak het aan 'n lewenstandaard in Suid-Afrika wat nie altyd maklik in Nieu-Seeland gerepliseer kan word nie. Daarby het Melinda se ouer broer in dieselfde tyd by die familie kom aansluit. Hy werk net soos Adi in die filmbedryf, en hulle kon mekaar in die nuwe land help aanpas. Met die emosionele en finansiële ondersteuning van familie, was die migrasie vir hulle relatief maklik.

Dit is 'n refrein wat ek by talle immigrante hoor, dat die ondersteuning van vriende en familie hier plaaslik 'n geweldige verskil maak. Dis natuurlik nie almal wat gelukkig genoeg is om sulke mense om hulle te hê nie.

17 Oktober 1998

Ons het besluit om 'n tweedehandse stofsuier te koop totdat ons s'n hier aankom. Verlede Saterdag bel Elsabé toe 'n adverteerder. Ons het gedog ons het die meeste van die woonbuurte hier rond se name al gehoor, maar die ou sê hy bly in Glen Drive in Lemmyweather, en ons weet nie van Lemmyweather af nie. Dit blyk toe op die ou end hy bly in Grand Drive, Remuera . . . Hier is baie Chinese, sien.

'n Ander oulikgeit: Anna het eers vir 'n skoenlapper "lappie" gesê en toe vir 'n lang tyd "slapper". Toe verfyn sy hom verder. Dis nou 'n "komslapper". Blerrie dingetjie is nou te oulik vir woorde.

Ons het die week vir die kinders 'n sandbak gekoop en in die garage opgesit. Elsabé sê dis die sadste ding, maar hulle speel graag daar en kom smokkel dan soveel moontlik sand die huis in. Gelukkig van die stofsuier wat ons in Lemmyweather gaan kry het.

Die dodetal van moerse spinnekoppe staan tans op vier. Hulle kom van die garage se kant af in, vermoedelik van die bosse af. Of hulle agter lig, kos of wat aankom, weet ek nie. Ons stop nou saans die gleufie onder die deur van die garage af toe.

Gister het ek hier rondgery en begin voel ek het vrede met die plek en simpatie vir sy mense. Die weer maak regtig 'n groot verskil. As dit nie reën of winderig is nie, is dit vir my fine hier. My vrou voel natuurlik anders. Mense sê dit vat ses maande na 'n jaar voor jy gelukkig kan wees hier. Ek hoop regtig dit gebeur die een of ander tyd met Elsabé.

Ek dink daaraan om oor 'n week of twee 'n trein te vat Wellington toe, waar die weer nog 'n ent slegter is. Daar is glo minder kompetisie vir werk. Ek het eintlik klaar vir 'n pos daar aansoek gedoen, maar ek is vermoedelik nie reg gekwalifiseer daarvoor nie.

Soos ek hier sit, is Elsabé by haar betowerende Chinees (of Koreaan of iets) van die wassery. Sy plek se naam is Bright Star. Heel gepas. Anna sit hier in 'n sonkolletjie en blaai al pratend deur 'n kinderboekie. Bernard het sy kamerdeur toegemaak om van sy pestelike sussie te ontkom en speel vermoedelik Lego of kleur in. Ek luister na die dreuning van 'n grassnyer iewers.

As ek so oor die bulte uitkyk, kan ek my verbeel ek is in Constantia of Malmesbury. Elsabé lag vir my as ek dit sê. Maar die wêreld is seker maar 'n moveable feast, met my gesin, my tikkery, my plate en boeke. Ek en ou Hemingway.

Die raming dat dit ses maande of 'n jaar vat om in 'n ander land gelukkig te wees, was in ons geval belaglik ver van die kol af.

Iets wat ek hier kom leer het, is dat my eie lewenskennis en -ervaring my nie genoegsaam toerus om ander mense s'n te verstaan nie. Ek het vir Elsabé belowe dat ons kan terugkeer Suid-Afrika toe as sy hier ongelukkig is, deels omdat ek glad nie kon voorsien dat iemand so lank so ongelukkig kan wees om 'n land te verlaat nie. Ek het nie geweet dat 'n mens oor 'n land kan voel soos wat sy oor Suid-Afrika voel nie. Dalk is dit omdat ek die produk van intergenerasionele migrasie is. Ek is bloot nie so verknog aan die land soos sy nie.

As kind het Elsabé wel heelwat rondgetrek, maar altyd in Kaapland. Haar pa was op die spoorweë en is oraloor gepos, van Brakpoort na stuurboord – Koelenhof, Kraaifontein en Bellville.

Ondanks my meer nomadiese familiegeskiedenis, moet ek bely

dat ek vir 'n paar jaar nie eens 'n foto van Tafelberg kon sien sonder dat my binneste ruk nie. Partykeer dink ek dat ek meer na Namibië verlang as Suid-Afrika. Wanneer ek in die Namib kom, voel ek 'n diepe konneksie wat ek nie kan rasionaliseer nie. Dis my hartland. (Om te werk aan my Duitswes-trilogie – *Die vertes in, Tweegevreet* en *Een of ander held* en meer onlangs *Hemel en aarde en ons* – het my 'n lekker rede gegee om die afgelope dekade 'n paar keer daar te gaan rondry.)

Miskien het daardie verlies, toe ek as kind uit Namibië verhuis het, my help voorberei op die trek uit Suid-Afrika. My ouers het Kaap toe getrek en nie daar tuis gevoel nie. Hulle het gereeld gepraat van "die Kapenaars doen dit of dat", asof mense in die Kaap anders was as ons. Ons het ons verwonder daaraan dat ons 'n bondel wasgoed in die badkamer het en ons bure 'n *bolling* wasgoed in die *badskamer*. Ons was nie soseer deel van die gemeenskap nie; ons het hulle eerder van buite dopgehou. Sondagmiddae wanneer die gesin 'n entjie gaan ry, soos die gewoonte was, was dit "om te gaan kyk hoe eet die Jode roomys in Seepunt" of "om te gaan kyk hoe skop die Ikeys die rugbybal" op die veld voor die Universiteit van Kaapstad se hoofkampus. Toe ek self later 'n Ikey raak, het ek die eerste Sondag gesorg dat ek op daardie veld kom en 'n rugbybal skop – dit was 'n oomblik vol simboliek vir my, om uiteindelik 'n Kapenaar te raak.

Elsabé het nie as kind hierdie landsvervreemding geken nie. Vir haar was haar geboorteland en haar bly-land een plek. Iemand hier wat haar daaroor hoor praat het, het opgemerk dat sy oor haar land voel soos wat Maori's oor Aotearoa voel. (Dis Nieu-Seeland se Maori-naam, "land van die lang wit wolk".) Ek is meer soos 'n besoeker wat nou hier is en dan weer daar.

Die ding van Tafelberg wat my so ontroer, het lank aangehou.

Eenkeer toe ek in die Kaap is, in 2019 as ek reg onthou, kyk ek op na Tafelberg en dink: "Dis 'n mooi berg." Dit was 'n estetiese waarneming, maar nie meer emosioneel nie. Dis toe ek geweet het dat ek Suid-Afrika uiteindelik verlaat het, meer as twintig jaar nadat ek en my gesin met die vliegtuig Nieu-Seeland toe gekom het. Of ek al in Nieu-Seeland aangekom het, is 'n ander vraag. Ek voel my ontuis in twee lande.

Dit het letterlik jare van worsteling en gesamentlike sielkundige berading gekos vir my om te besef dat (a) ek nie verstaan hoe Elsabé voel nie en (b) ek hierdie onverstaanbare gevoel desondanks moet respekteer.

Partykeer kan ek 'n baie dom man wees.

Dit was goed tien jaar ná ons aankoms hier voordat Elsabé se gees begin verhelder het. Watwo ses maande.

Ons het kort ná ons aankoms hier 'n jong Suid-Afrikaanse vrou raakgeloop wat vertel het haar man het weke lank woordeloos by die venster sit en uitstaar, en toe pak hy op, los haar en hul dogter en gaan alleen terug huis toe. Daar is sulke mans, maar ek kry tog die gedagte dat vrouens neig om swaarder te kry met die migrasie.

Ek het hier 'n kêrel leer ken, kom ons noem hom David, wat uit Suid-Afrika gekom het en omdat hy hooggeleerd is, hier kon werk en finansieel goed daaraan toe is. Maar sy vrou het emosioneel swaar getrek. Sy kon maar net nie in Nieu-Seeland aanpas nie. Eers het sy 'n tydelike kontrakwerk iewers in Afrika gekry om bietjie asem te skep, en toe besluit sy sy kom verdomp nie terug Nieu-Seeland toe nie. David en die kinders het hier agtergebly, totdat die kinders Engeland toe is en hom alleen agtergelaat het. Dis hartseer. Die prys van emigrasie kan onverwags hoog wees.

Dis seker deesdae aanvegbaar om jou op mans en vrouens se tradisionele rolle te beroep, maar in minstens een aspek lyk dit vir my toepaslik in my en Elsabé se situasie. Tradisioneel was dit meer die man se rol om te voorsien vir die gesin en hulle te beskerm. Dis iets wat ek myns insiens beter in Nieu-Seeland kan doen as in Suid-Afrika. Die vrou se tradisionele rol het weer te doen met emosionele koestering, die bou van ondersteunende netwerke, om kinders te konnekteer met mense en plekke. Dis iets wat Elsabé beter in Suid-Afrika kan doen as in Nieu-Seeland. Dit bied een verklaring vir die tweespalt tussen ons. Of dalk is ek nou belaglik om 'n meer universele dimensie aan ons persoonlike geskil toe te dig.

25 Oktober 1998

My arme vrou is glad nie lus vir hierdie land nie. Sy vra my soms minder en soms absoluut ernstig dat ons nou teruggaan. As ons gou spring, is ons meubels nog daar en dan hoef ons dit nie heen en weer te karwei ten duurste nie . . . Faktore wat my met paniek kan vervul as ek nie maar oë toeknyp nie. En ek weet nie of ek moet oë toeknyp nie. Dalk is sy reg. Dalk moet ons terug of moes ons nooit gekom het nie.

Al verlang ek my vrek, dink ek steeds dit was die regte ding. Ek het 'n skreiende aggressie in die lug gevoel daar in die Kaap wat ek nie hier voel nie. Al waar ek in SA so veilig gevoel het as hier, was as ek soms in 'n hotel geslaap het. Hier word mense net deur hulle kennisse vermoor. En ek ken natuurlik nog maar min mense!

Anyway, die lewe is ook nie als nie.

Dis Elsabé se houding. Ek dink aan die kindertjies. Maar nou is hulle van volk en vaderland ontneem . . . bla bla bla . . . Dieselfde gesprekke oor en oor – in my kop, my huis en my mond en my tikvingers.

Vrydag het 'n woeste verlange my beetgepak. Na Langstraat se boekwinkels en die plekke waar ek gereeld gekom het, waar ek altyd dieselfde mense gesien het sonder om hulle name te ken.

Hoe ek oor SA voel, hang af van wat ek onthou. Die Bellville van my skooldae, bv., kan in sy geheel gaan kak. Die gedrang by Kaapstad se stasie ook. Die Goue Akker ook, behalwe soos hy in die 80's was. St Georgesstraat se bedelma's met hulle platgesuigde tette en leepoë ook. Ditto die straatkinders. Die bedelaars wat aan my deur kom klop en my grief gee omdat ek hulle nie geld gee nie. Almal van die lot kan gaan kak. As dit van my afhang, gaan daar 'n groot gekak in die Kaap wees.

Vrydag skryf ek vir 'n ou my probleem is dat ek en die werklikheid nie vriende is nie. Dis swaar as mens so is. Partykeer wonder ek wanneer goed dan so skeefgeloop het. Ek sal 'n helse depressie ervaar as ek hom net 'n kans gee, reken ek. Dit voel my of daar maar altyd te veel goed was wat my moerig gemaak het, te min waarmee ek gelukkig en tevrede was. Hoekom, bv., het ek en jy in die laaste klompie jare so min van mekaar gesien? Ek hou dan so van jou, die moerse lekker tye wat ons gehad het. Kere wat ek gelag het of my siel die ritteltit het.

Maar dan weer, as ek dink aan die tyd by *Die Burger*, was daar ook maar 'n spul stront. By Sanlam het ek ontuis gevoel. Saatchi's was eers net ongemaklik en toe 'n fokop. BBDO was merendeels okay, al het ek nie juis geborge gevoel nie. *Die Burger* was miskien waar ek die meeste tuis gevoel het. Oral was daar darem 'n mens met wie ek tyd wou deurbring. Maar altyd ook 'n klomp wat maar gerus hulle hande kan bak hou by hulle holle.

Ek groet sonder antwoorde.

Die bak hande slaan op André se gunsteling-variasie van die ou Boerevloek, naamlik: "Gaan kak in jou hand." Hierdie kwaai en kru passasie verbaas my nogal, omdat dit nie my normale aard is nie. Eendag toe Ryk Hattingh hier kuier en oudergewoonte teen die bestel uitvaar, steek hy vas en vra my: "Hoekom is jy nie kwaad nie?" Toe moes ek maar skouers ophaal en bely ek is nou maar eenmaal gevrek. Selfs al word ek kwaad, bly ek meestal kalm. Al wat ek kan dink wanneer ek die bostaande lees, is dat ek diep moerig was en die gevoel moes uit.

Daar was goed wat ek met niemand kon deel nie, behalwe met André via hierdie geskrifte. 'n Deel van die dinamiek van my en Elsabé se verhouding daardie tyd is dat sy die een was wat die swaarste kry, en ek gevoel het ek moet wal gooi. Ek was bang dat as ek vir haar sê hoe angstig ek is, hoe ek verlang, dit die teken sou wees dat ons die tentpenne moet uittrek en oppak. Sy het sterker emosies as ek gehad en het uiting daaraan gegee. Ek moes haar ondersteun so goed ek kan en dit wat ek self voel in die mou hou.

Hierdie is nie 'n klagte of soeke na simpatie nie, bloot 'n waarneming. Jy kan in elk geval nie kla oor swaarkry wat jy jouself aandoen nie.

Wat ek hierbo sê, is ook nie vir Elsabé nuus nie. Sy is die mees empatiese mens wat ek ken en het emosionele insig wat myne verdwerg. Albei kinders is terloops ook beter met empatie as ek. Ek voel meermale wel medelye, maar dit vind op verwronge maniere uiting eerder as in die onmiddellike, warm ondersteuning wat lydendes nodig het. Ek loop en wroeg in die stilligheid en dalk skryf ek eendag iets daaroor in 'n storie. So is my skryfwerk 'n bekentenis van my tekortkominge as mens.

7 November 1998

Sondag het Bernard by 'n maatjie gaan speel en Els het by haar Oosterse towenaar van Bright Star gaan klere was. Ek en Anna is na Takapuna se bib en strand. Daar sit ek toe en besef hoe bly ek is om hier te wees. Dis 'n nagdroom wat ek meermale in SA gehad het om op so 'n strandjie hier of in Australië te wees. Dit was heel mooi. 'n Klomp seilplankryers en jet-skis op die water, 'n swetterjoel seilbote verder weg en dan die spits groen koppie van die vulkaniese Rangitoto-eiland, en doer in die verte die berge van die Coromandel-skiereiland. Dis moeilik om te verduidelik hoekom dit vir my so besonders was. Maar hier is 'n "genteel" rustigheid wat my baie aanstaan.

Donderdag was dit Guy Fawkes. So net voor nege die aand kry ek lus vir gaskoeldrank en besluit om supermark toe te stap voor hy toemaak. Elsabé en Bernard het buite gestaan en na die vuurwerke gekyk wat mense by hul huise afskiet. Ek het pad-af geloop. Onderweg is daar 'n plek van waar jy 'n uitsig oor die baai en op die middestad met sy hoë toring het. Dit was vir my wonderlik om so te kon loop, om die stad te sien met vuurwerke wat alkant toe die lug ophelder. Nog 'n mooi oomblik.

Vrydag het Bernard by een klasmaat gaan speel. Ons is ge-nooi om die aand daar te kom hoender braai. Die vrou is jonger as ek, maar het al vyf kinders. Ons het gedog hulle is Jehovas-getuies en het maar opgesien teen die aand, maar toe is hulle maar net Mormone, en die aand heel aangenaam. Gawe mense, maar ons sal nou nie boesemvriende met hulle raak nie.

Die army-kennis by wie ons gaan eet het, se vrou is baie nice. Sy het al hier kom tee drink en sy en Elsabé het verlede week saam gaan koffie drink.

En nou moet ek nog 'n onthulling uit die huis uit maak: My vrou het verlede Saterdag besluit nou gaan sy Spaanse dansklasse begin. En sy is hier weg en sy het gaan opsign, en vandag het sy vir haar tweede les gegaan. Sy geniet dit baie, en ek is bly. Olé!

In vandag se koerant word 'n nuwe pos geadverteer wat goed by my CV pas. Die een of ander finansiële instelling soek iemand wat van brosjures en video's tot advertensies vir hulle kan doen. Dit het ek al alles in my loopbaan gedoen, en vir finansiële dienste boonop. Ek reken dus ek behoort baie geskik te wees vir die werk. Ek sal hulle Maandag bel. Dit klink ook of my senioriteit reg is vir die pos.

Dis wat nuus is.

Laat ek dus nou maar eindig by die miskend ongevierde slotwoorde van W.O. Kühne: "Dit is die storie van Huppelkind soos ek dit ken. Nou is daar nie meer nie."

Wat my bring by kinderboeke, wat 'n faktor is as jy met Afrikaanse kinders emigreer. Ons het voor ons daar weg is, opgekoop wat ons kan, onder meer van die Kaapse stadsbiblioteek se uitskot. So kon ons kinders toe luister na Liewe Heksie en Huppelkind en van die wonderlike vertaalde boeke van Janosch.

Deesdae is hier naby my 'n winkel, Saarkie Stories, wat Afrikaanse boeke het, ook kinderboeke wat op 'n leenbasis beskikbaar is. Die eienaar, Merle, se migrasiestorie is van die meer ongewones wat ek gehoor het.

Sy was 'n plaaskind wat vroeg al besluit het sy wil dakkappe ontwerp en dan skole gaan bou in Kenia. Op die ou end beland sy op 'n hoenderplaas naby Lichtenburg. Ná 'n paar jaar daar, kom sy in 2001 eendag by haar gehawende tjorretjie en sien iemand het by hom ingebreek om die stukkende radio te steel, en sy raak terstond woedend. Almal in die omgewing ken haar ryding en die inbreker moes dus geweet het van wie hy steel. 'n Dag of wat later besluit sy sy wil so ver moontlik wegkom van hierdie plek af. Sy kyk op 'n aardbol en kies Nieu-Seeland. Sy gaan aanlyn en soek werk, en kry so gou soos nou 'n werkaanbod by 'n staalmeule 'n uur se ry suid van Auckland. Sy moet net op 'n vliegtuig klim en kom, en dan onderneem om minstens twee jaar lank by hulle te bly werk om 'n visa te bekom.

In Nieu-Seeland gekom, is sy verheug oor hoeveel geld sy verdien; sy kan sommer met haar eerste tweeweeklikse salaristjek al 'n yskas koop. Die vreemdheid van als was vir haar swaar, dat jy nie iewers ry en daar is jou laerskool of vriend se huis langs die pad nie. As diep gelowige mens het sy dit moeilik gevind om gewoond te raak aan haar kollegas se goddeloosheid. Ná die verpligte twee jaar het haar loopbaan ander paaie gevat, totdat 'n gesukkel om 'n pakkie vir haar ma te pos haar dermate ontstig dat sy uitwerk hoe om pakkies veilig Suid-Afrika toe te versend, en toe 'n besigheid begin wat presies dit doen, met die boekwinkel as bysaak.

Godsdiens is inderdaad nie so 'n groot faktor op hierdie eilande as in Suid-Afrika nie. Waar sowat 80% van Suid-Afrikaners as Christene identifiseer, is die syfer in Nieu-Seeland maar 37%, terwyl sowat die helfte van die bevolking in sensusse aandui dat hulle geen godsdiens beoefen nie. In staatskole se byeenkomste en klasse is daar geen godsdiensonderrig nie. Heelparty Suid-Afrikaanse immigrante stuur hul kinders na kerkskole, waarvan hier 'n klompie is.

Toe ons kinders jonk was, was Merle se winkel nog nie daar nie, en ons moes maar self sien hoe ons die kinders aan ons volkserfenis kon koppel. Myne ken vir David Kramer, Gert Vlok Nel, die Springbok Nude Girls, Vusi Mahlasela, die Mahotella Queens, en ander. As Bernard dink jy kry swaar, kom sit hy sy arm om jou skouer en sing in 'n hoë stemmetjie Vusi se liedjie wat gaan "Tula, tula". Toe hy nog 'n laaitie was en versot op reggae, het hy en Elsabé op 'n keer vir Lucky Dube gaan kyk deur 'n dagga-wolk.

Ons het eenkeer selfs vir Coenie de Villiers in 'n kerksaal hier oorkant die pad gaan kyk. Hier kom nogal gereeld Afrikaanse sangers, maar nie mense wat ek ken of na wil luister nie.

Afrikaanse grootmensboeke ken die kinders ongelukkig nie, en hulle kan nie my werk lees wat net in Afrikaans verskyn het nie. Albei kan darem verjaardagkaartjies en teksboodskappe in Afrikaans ontsyfer.

8 November 1998

Ek moet jou nog van die lorikiet vertel.

Kyk, die paar diere wat mens wel hier in NZ kry, is onbenullig van aard en lelik van voorkoms. Hier is wel heelparty voël-spesies, maar almal wat nie modderkleurig is nie, het uitgesterf. Dus was ek aangenaam verras om 'n paar weke terug 'n bont rooi voël in die bome voor ons plek te sien. Iets papegaai-agtig. Sedertdien sien ek hom gereeld, en gister het ek selfs twee gelyk gesien.

In my vrugbare verbeelding het die rooi voël mitiese af-metings begin aanneem. Hy is 'n simbool dat alles hier tog nie so aaklig en vaal is nie, ens.

Groot was my verbasing dus toe ek Donderdag 'n foto van so 'n voël op die koerant se voorblad sien. Dit blyk toe dis 'n Australiese lorikiet wat deur die een of ander plaaslike teler vrygelaat is en wat nou dreig om die plaaslike voëls uit te boer. Die oorspronklike eienaar is voor die hof gedaag en gaan nou waarskynlik in groot ghwano kom.

Dis seker al wat mens oor NZ se fauna hoef te weet.

Hier het ek die bal so half misgeslaan. Nieu-Seeland het wel pragtige voëls. Om ons huis rond sien ons daagliks pragtige blou tuis (sê *toe-hies*) met hulle wit strikdasse, soms 'n visvanger of reusebosduif (kereru) of pragtige bont rosella. Saans hoor ons die morepork-uiltjie. Sy geroep klink of hy sê: *More pork, more pork!*

Langs die baie vleie loop die blou-en-swart pukeko's rond met hulle rooi snawels. Hierdie voëls is gebou soos 'n langbeenhoender. Eenkeer vertel 'n omie my hoe maak jy hulle gaar: Jy pluk die pukeko se vere af en stop hom in 'n pot saam met 'n ou stewel. Dan kook jy dit totdat die stewel sag is. Dan gooi jy die pukeko weg en eet die stewel.

Die land het net twee inheemse soogdiere, wat op die Kiwi's se tipiese matter-of-fact-manier die "long-tailed bat" en "short-tailed bat" heet. Dis nou die mense wat hulle twee grootste eilande "North" en "South" gedoop het. Dis oor hier nie soogdiere was nie dat die voëls daardie rol in die ekologie oorgeneem het; vandaar 'n grondloper soos 'n kiwi. Dié is nagdiere en jy sien hulle net in dieretuine. Naby dorpe het katte hulle uitgeroei, maar hier is wildernisgebiede en afgesonderde eilande waar hulle glo floreer. Dit is seker gepas dat Nieu-Seeland se nasionale voël nie 'n ontsagwekkende arend is nie, maar 'n kroes hoendertjie wat nie kan vlieg nie en dit net snags buite die nes waag, want Kiwi's (dis nou die mense) haat grootdoenerigheid.

Seilskepe het in die ou dae rotte hier aangebring, en ontdekkers het in die 1700's vir die Maori's varke present gegee wat wild geword het en wat in die wildernis rondloop totdat jagters hulle plattrek. Mense jag ook takbokke hier, waarvan party wild en ander plaasdiere is.

Hase het voor my koms 'n plaag op die Suid-eiland geword. Iemand vertel my die regering het op 'n kol gedink om die plaag te bekamp sal hulle die boere beloon vir elke dooie haas wat hulle inbring. Maar toe sien die ouens 'n gaping en begin doelbewus hase te teel en dan te skiet vir die beloning! Praat van onvoorsiene gevolge.

Van Elsabé – 10 November 1998

Die weer hier is deesdae baie beter. Ons sien meer blou lug, die son skyn, dis warm en dit laat ons geeste beter voel. Ons gaan see toe wanneer ons kan. Baie vredige atmosfeer by die strandoorde. Anna en Bernard wat so hand aan hand in die branders staan.

Ek wag nou vir Z om terug te kom van sy onderhoud af. Hy het homself met groot sorg reggemaak, kleertjies gestryk, kleur en teksture gemeet en gepas. Siestog. Ek kan maar net hoop dat dit goed gegaan het.

Ek kan nie eens tel hoeveel mense ek oor werk genader het nie, hoeveel keer ek aansoek gedoen het, hoeveel onderhoude ek gehad het nie. Dis veel meer as wat in die aangehaalde e-posse ter sprake kom. Baie van die mense het ek proaktief gaan sien – uitgevind wie die mens is om mee te praat, gebel, afspraak gemaak en gegaan. Dan was daar ook 'n klompie onderhoude in reaksie op geadverteerde poste.

Nou is dit so dat ek neig om tot my nadeel my eie skandes te vertel. Dis hoe ek grootgeword het; in my familie vermaak jy die ander deur staaltjies ten koste van jouself te vertel. Só het ek geleer dat dit gesond is om vir jouself te lag, wat goed is. Die feit dat die oprakeling van skandes 'n mens se selfvertroue kan ondergrawe, is minder wenslik. Wat die beroepslewe betref, was my houding nog altyd dat mense self moet kan oordeel met wie hulle te doen het, dat ek nie stories moet loop en verkoop van my kwansuise talente nie, dat dit beter sou wees as hulle min verwag en later aangenaam verras word. Helaas werk die wêreld nie so nie. Enersyds kan baie mense nie self besluit nie, daar moet vir hulle gesê word wat om te dink. En omdat ek nie by die voordeur kon inkom nie, het ek nooit kans gekry om my slag in die kombuis te wys nie, om nou 'n metafoor te rek.

Werk soek is die swaarste werk wat ek nog ooit gedoen het. Dit knaag aan jou siel. Die teorie is dat jy jou talente gaan verkoop, maar later voel dit vir jou jy bedel net. Is daar dan niemand wat dink ek het 'n bydrae om te lewer nie? Is ek dan só nutteloos?

'n Werklose se siel is so honger soos sy lyf.

11 November 1998

Ons het twee pap wiele in twee dae gehad. Daar ontdek ek toe die kar wat ons gekoop het, het 'n domkrag, maar nie 'n slinger om hom mee te draai nie, en geen wielspanner nie.

Tussen die tools en die tweedehandse bande wat ek toe moes koop, kos dit ons $100. Die volgende dag het ons weer 'n pap wiel – die ou spaarwiel. Dit het $20 gekos om 'n tjoep te laat insit sodat ons weer vyf stywe wiele het. Ses as jy die stuurwiel tel.

Gister was ek vir 'n onderhoud by 'n werksoek-agentskap. Ek dink dit het goed gegaan en ek verwag om deur te gaan na die volgende ronde van die sifting. Hulle het baie aansoeke gekry en toe 10-12 mense ge-interview. Drie of so sal nou deurgaan om met die werkgewer self te praat, een of twee sessies onderhoude. Ek is vol moed dat ek een sal wees. Indien nie, is dit wragtig nie my skuld nie.

Iets anders wat ek nou sien, is dat dit nou al vir byna 'n week nie reën nie, en nou spuit die spul tuin nat.

Twee opmerkings oor bogenoemde: Een is dat die noem van relatief klein bedrae tekenend is van hoe skraps ons geld was, met enige ekstra uitgawe 'n gatslag. Die ander is dat Kiwi's 'n snaakse idee van droogte het. Hulle kan met hulle voete in die modder staan en oor droogte kla.

In my later jare het ek 'n paar foto's van my oupa se plaas teen my kantoormuur gehad. Een van my Kiwi-kollegas kyk daarna en vra: "Why is it so deforested?"

Omdat dit op die rand van die Namibwoestyn is, stoepit.

Reën en woude is wat hulle hier as normaal beskou. Voordat hier mense was, was die Noord-eiland dig bebos. Nou nog het die sentrale dele van die eiland van die wêreld se grootste mensegemaakte woude – berge en dale vol dennebome, waarvan skeepvragte vol daagliks China toe uitgevoer word.

13 November 1998
Dis goed om te weet ons meubels is uiteindelik op pad. Hier halfpad in Januarie kan ek dus dalk my boude verlos van hierdie plastiekstoele.

16 November 1998
Verder . . .

Waai die wind hier.

Het ek die Springbokke se toets tussen 'n klomp slotmasjiene in 'n kroeg gesit en kyk.

Het Elsabé 'n groentewinkel ontdek waar ons nou darem tamaties kan bekostig. (Tamaties is ontsettend duur hier, en een van ons stapelvoedsels oorlat Els so 'n lekker tamatiepasta-sous maak.)

Is ek nou baie ongeduldig om werk te kry.

Het ek R100 aan tantieme by Tafelberg Uitgewers gekry – so sê die staat wat nie 'n tjek by het nie.

Is my aanvanklike vertaling van die *Goosebumps*-boek nou klaar.

Koop ons klere uit China – skoene vir Els se dansery en 'n broek vir my werksoekery.

Dit kom dalk snaaks voor dat Elsabé dans terwyl dit so swaar gaan met ons, maar dis juis die rede waarom sy dans – sy moet bietjie wegkom van ons sielskawende geploeter. Sy het in ieder geval nog altyd baie van dans gehou, maar trou toe mos met iemand wat stokstil sit as hy musiek luister. Maar moet haar nie te veel bejammer nie. Ek sou elke prinses aanraai om liewer van die prins te vergeet en met Repelsteeltjie te trou, soos sy gemaak het. Dan word jy aanbid, al die dae van jou lewe. En wat die dans betref: Deesdae gaan doen sy drie keer 'n week zumba, waar jy jou fiks dans, en geniet haar gate uit.

19 November 1998
Nou ja, die job waarvoor ek gehoop het, is deur die mat. Geval.

Nou is daar nog een korporatiewe job-aansoek in die werke, en 'n handvol joernalistieke aansoeke – sub by drie of vier plekke, features editor by 'n koerant (wat ek beslis nie sal kry nie) en staff writer by 'n ander tydskrif.

Dit laat mens magteloos en moerig voel as jy weet jy kan werk doen, waarskynlik beter as die ou of vrou wat uiteindelik die pos kry, maar jy kry net nie jou voet in die deur nie. Dis nou maar so. Jy is uitgelewer aan ander mense se besluit-neming. Dit sou natuurlik ideaal wees om die ding te short-circuit, dat jy self die bepalende rol in jou lot speel. Maar hoe?

Jy begin of raak jou eie besigheid. Dis in wese wat ek tans is, maar ek is nie 'n baie winsgewende besigheid nie.

Nou rammel ek aan. Maar jy moet besef dat ek basies vir drie maande nou geen geselskap gehad het buiten Elsabé nie. Ek vind dat ek vir ander mense 'n irritasie raak. En gaan doen interviews met mense vir hierdie koerantstorietjies wat ek uitryg, dan begin ek hulle verveel met details oor my agter-grond. Dan besef ek dit terwyl ek dit doen, dan raak dit net erger.

Tafelberg Uitgewers het my gevra om vir hulle 'n radio-advertensie te skryf vir 'n nuwe boek. Elsabé sê as ek in SA was, het ek nou lekker van vryskut gelewe.

Dit raak vir my toenemend moeilik om met bewyse voren-dag te kom wat Elsabé sal oortuig dit is die beste om hier te bly. Ek val dus terug op die punt dat dit nie in hierdie stadium vir ons 'n opsie is om terug te gaan nie, dis nog te vroeg.

Waarvoor ek wens, is dat daar iets gebeur wat ons lewe hier in praktiese terme makliker sal maak. Daardie ding is 'n goeie, vaste inkomste.

Ek voel hardkoppig en hardnekkig en miskien bietjie harde-gat ook, maar terselfdertyd broos en sou graag sommer net met jou wou kuier. Maar dan sou jy dalk wou sê "Ek het jou gesê" of so iets wat glad nie help nie, en dan sou ek de blik-sem in raak. Natuurlik het ek met oop oë in hierdie ding in gestap, en gegewe als wat ek weet, sal ek dit beslis weer doen as ek weer moet kies. Maar dit beteken nog nie dis maklik nie.

Wat gebeur as jy nuut in 'n land is, is jy praat te veel oor jou verlede met mense wat nie belang stel nie, want jy het niks anders te sê nie. Jou sinne begin meestal met woorde soos "When we were in South Africa . . ."

As jy in 'n geselskap is en iemand vertel hulle was die naweek in Rotorua, knik jy maar net jou kop en glimlag skaapagtig. Jy weet niks van Rotorua nie, nie eens genoeg om sinvol daaroor uit te vra nie. So gaan dit totdat jy self 'n draai in Rotorua gaan maak, en as jy weer iemand oor die dorp hoor praat, dan kan jy reageer dat die plek darem kwaai na poep ruik. Daar is woeste geotermiese aktiwiteit en die dorp is vol kokende modderpoele waaruit swaweldampe draai. En so leer jy met verloop van tyd een ding ná die ander, en later kan jy begin saampraat oor plaaslike goed.

Tot my skande moet ek erken dat ek nog nooit by die land se grootste toeriste-aantreklikheid was nie: Queenstown, waarheen mense van regoor die wêreld vlieg. My kinders en foto's vertel die Otago-omgewing is beeldskoon, met sneeubedekte alpe en mere. (Nieu-Seeland het glo meer bergpieke sonder name as wat daar bergpieke in die Europese alpe is.) Praat mense van daardie area, reageer ek nog met die skaapglimlag. Net soos wanneer mense in Suid-Afrika van die Krugerwildtuin gepraat het, waar ek ook nooit was nie. Vir 'n ou wat halfpad om die aarde getrek het, is ek baie lief vir Jan Tuisbly se karretjie.

Van Elsabé – 20 November 1998
Die grassnyers raas. Die werk wat in SA gedoen word deur tien werkers, word hier deur een of twee gedoen, met die

gevolg dat die grassnyers vir dae aaneen woel rondom ons woonstel.

Die wind waai hier net so en erger as in Kaapstad. Maar die lewe gaan voort vir die waterbetottelde Aucklanders en daarom swem Bernard vandag in hierdie wind vir die eerste keer in sy skool se swembad.

Ek en Anna het vanoggend in ons fluweelrokke gaan groceries koop. Sy was stroopsoet en het agter my aangestap en opmerkings gemaak oor alles wat sy sien. Ek gaan deesdae na die naaste Foodtown. Ek hou van die wit werkersklas vrouens wat daar werk. Hulle was tot dusver nie onbeskof en onbehulpsaam soos wat dikwels die geval is met die winkelwerkers hier nie.

Volgende week verjaar Annatjie. Ek probeer kliphard uitwerk wat ons kan doen om dit vir haar spesiaal te maak. Ons sal 'n draai by die swembad moet gaan maak, haar heel favourite plek.

21 November 1998

Vandeesweek gaan haal ek die broek wat ek gekoop het vir 'n onderhoud wat nooit gematerialiseer het nie en wat ek laat korter maak het by 'n Filippynse kleremaker. (Die broek, nie die onderhoud nie.) Toe gaan ek en Els en Anna sommer uit spandabelgeit by 'n koffiewinkel in. Daar sit en praat ons oor dit en dat en skielik vra die eienaar vir ons: "Waar kom julle vandaan?" Op Afrikaans.

Dit blyk toe hy is 'n prokureur wat al ses jaar hier is. Eers het hy toilette skoongemaak by 'n fabriek. Toe maak hulle hom ses maande later produksiebestuurder. Maar nog later kry die fabriek moeilikheid en hy word afgedank. En nou run

hy 'n koffiewinkel en hy sê dit hou hom en sy vrou goed
genoeg aan die gang.

Maar ek is nou maar eenmaal nie so nie. Laat ek maar met
my vingers tik vir geld.

Nog een laaste ding, oor hoe mal ek word. Ons het nou
die dag twee bruinbrode in die huis. Een gee vierkantige snye
en een gee ovaalvormige snye. Ek maak vir my die moeder
van alle toebroodjies vir lunch – salami, kaas, tamatie,
blaarslaai – op 'n vierkantige sny brood. Toe ek hom wil
toeplak, sien ek daar is nou net ovaal snye oor. En ek laat
hoor verward: "Ag nee, ek het net een Afrikaanse papiertjie
en al die Engels is res."

Waar lag ek en E dat ons byna van ons stoele afdonner.

22 November 1998

Ons is Hinemoa-park toe. Op die water lê seilbote voor
anker. Kyk jy so half links, sien jy die groot hawebrug en
anderkant dit die stad. Voëltjies sing in die bome. Die wind
waai nie en dis nie koud nie, hoewel bewolk. Bernard klouter
op die klimraam. Anna hardloop heen en weer in haar rooi
rokkie en lag soos 'n kind van twee jaar, wat sy is. Ander
mense loop met kinders en klein honde. 'n Ou man en kind
seil op 'n klein bootjie . . . Here, dis vredig, hoor.

En Elsabé maak die punt dat die strand waar ons verlede
Sondag was, haar gunsteling is. "Cosy," sê sy. En dis presies
die regte woord.

'n Mens kan "cosy" hier leef – met al die positiewe en
negatiewe implikasies van die woord.

Dis die goeie nuus.

So met hierdie cosy lewe kan die nuus in Nieu-Seeland belaglik flou wees. Ek het gelees, maar nie self gesien nie, dat daar eenkeer hier laat in Desember 'n koerantopskrif was wat lui: *Christmas again.*

Wat ek wel met my eie oë gesien het, was 'n plakkaat van *The New Zealand Herald* wat aankondig: *Disaster almost struck.* In werklikheid het net mooi niks gebeur nie.

En dan was daar die storie een Sondagaand op die nuus. Die land het mos nie slange nie, en die nuus is toe dat 'n kind by 'n laerskool dink hy het 'n slang gesien. Magte is gemobiliseer om die gedierte te gaan vasvat. Daar was 'n lang soektog deur baie mense, maar geen slang is gevind nie. Nugter weet wat daardie kind gesien het.

Aan die ander kant was hier in die laaste dekade of wat twee groot aardbewings in Christchurch, waar daar ook 'n massamoord op Moslems was, 'n vulkaniese uitbarsting aan die Noord-eiland se kus en oorstromings elke jaar.

Dit gebeur soms dat mense uit Suid-Afrika wil weet of ons okay is, want hulle hoor van dit of dat wat hier gebeur het. Ons gaan rustig aan.

Ek steur my so min moontlik aan nuus, en dis relatief maklik hier. Ek het met die kom hierheen dadelik besluit om nie meer Suid-Afrikaanse nuus te volg nie. Die hartseer was erg genoeg; ek kon nie nog ontsteltenis óók hanteer nie. En die plaaslike Nieu-Seelandse nuus gaan my nie aan nie, omdat ek nie juis deel van die gemeenskap voel nie. Die politiek is meestal 'n haarklowery tussen mense wat grotendeels saamstem. Vreemdelinge wat slegte dinge oorkom of hulle oor kleinighede vervies, interesseer my nie. As ek koerant lees, gaan ek dadelik na die speletjieblad toe, en dan miskien sport as daar iets groots aan die gang is. Ek wil graag dink dat ek my nie aan die daaglikse nuus steur nie, omdat ek in hogere dinge belang stel – die ewige eerder as die tydelike, die universele eerder as die spesifieke. Maar dis sommer nonsens. Ons lewe in die alledaagse, omring deur kleinigheid en kleinlikheid, en die groot dinge voltrek hulle daar rondom – baiemaal ongesiens.

Van speletjies gepraat: Ek het 'n swak vir onbenullighede wat my kop besig hou.

Ek het in die vroeë tagtigs in *Reader's Digest* gelees van bord-speletjies wat oorloë simuleer, ontdek toe 'n winkel op die vierde verdieping van 'n gebou in die Kaapse middestad wat die goed verkoop en raak heel versot daarop. Jare later loop ons in Nieu-Seeland by 'n kinderboekwinkel in, en daar is van die goed. Nou nie meer oorlog nie, maar bordspeletjies wat nuwer en intelligen-ter as die werklik aaklige *Monopoly* is. Ek begin van die eenvoudi-ges met Bernard speel en later ontdek ons 'n klub waar ons saam met ander grootmense gaan speel.

Iewers kry ek toe die idee dat ons sommer naby die huis kan begin speel, in die plaaslike gemeenskapsentrum. Ek begin my eie bordspelklub. Party aande het ek alleen daar sit en wag vir ingeval iemand opdaag. Maar toe raak bordspeletjies al hoe gewilder. Waar dit eers hoofsaaklik stink ouens sonder sosiale vaardighede was, is daar vandag mans en vrouens van enige ouderdom wat speel, en dinge gaan jolig. My betrokkenheid het lankal afgeskaal tot basies niks, maar elke week kom twintig tot dertig mense op 'n Woens-dagaand byeen en gooi 'n donasie in die potjie wat eens my pea-nut butter bevat het. En so lewer ek toe teen alle verwagtinge in 'n bydrae tot die Nieu-Seelandse gemeenskapslewe.

Ek speel deesdae selde daar, maar bordspeletjies is deel van ons gesinslewe. Elsabé verstaan nie dat 'n mens jou tyd so kan mors nie, maar ek en die kinders speel minstens een keer 'n week. Een keer 'n maand gaan speel ek op 'n Saterdagaand in 'n plaaslike koffiewinkel saam met 'n groep mense. Daarby het ek 'n spanne-tjie omies (van wie ek die oudste is) saam met wie ek 'n paar keer 'n jaar 'n dag lank dieper en ernstiger historiese goed takel. Buiten die sosiale aspek, dat jy iets saam met mense kan doen met wie jy nie noodwendig persoonlike stories wil deel nie, waardeer ek die manier waarop goeie speletjies 'n spesifieke werklikheid met 'n klompie reëls en speelstukke simuleer. Van die bestes is soos om jou eie storie te bou wat ontwikkel en geaffekteer word deur wat ander mense doen.

Die ongeskrewe reël van enige speletjie is dat jy moet speel asof jy wil wen, maar terselfdertyd moet weet dit maak nie eintlik saak nie. Hierin is 'n lewensles. Die Jungiaan Marie-Louise von Franz het insiggewend hieroor geskryf in *On Divination and Synchronicity: The Psychology of Meaningful Chance*. Selfs in die simpelste goed sluimer betekenis.

24 November 1998

Soos mens soms onverklaarbaar goed voel, so voel jy soms minder onverklaarbaar sleg.

Ek het eergisteraand van Tafelberg gedroom. Op die Drakensberg. (Nee, nie twee berge opmekaar nie – Tafelberg Uitgewers se mense was almal bymekaar in die Drakensberge.) Toe ween ek in my droom soos 'n wafferse Ween van Wenen.

My tyd hier moet insiggewend wees in terme van die groter prentjie van my lewe en die lewe in die algemeen. Maar wat daardie insig is, weet ek nog nie. Ek staan as soveel van 'n buitestander as wat mens kan wees sonder om in 'n grot te sit en verhonger. Die tegniek van die lewe bly in my gedagtes – eerder as by die *hoekom* haak ek vas by die *hoe*.

Gister vra Elsabé of ek nog hoop het. Ek sê: "Ja, maar ek weet nie op wat nie."

In baie opsigte is ek en Elsabé nie goeie migrasiemateriaal nie. Ons was buitestanders selfs tussen ons eie mense. Een van die goeie dinge van om hier te wees, is dat ek iets anders vir my eenkant-houding kan blameer as net my menssku persoonlikheid.

Ons is nie eintlik sosiaal nie, sy darem meer as ek, en ons het nie een baie vriende nie. Ek vermy groot groepe mense. Die liedjie sê Afrikaners is plesierig en hulle hou van partytjies. Nie ek nie. Toe ek die laaste keer by een was waaruit ek my nie kon wikkel nie, het ek later buite in die kar gaan sit – nie dikbek nie, wel doodtevrede om uit die gedrang te wees.

So 'n inkennige kwal sukkel uiteraard om in nuwe gemeenskappe aan te pas.

'n Aspek van migrasie waaraan ek nog nie geraak het nie, is die geleentheid wat dit jou bied om jouself te herdefinieer. Ek was bewus daarvan toe ons gekom het, dat ek sonder geskiedenis die kans het om nuwe stories oor myself te kom vertel, om 'n nuwe identiteit te vestig. Daar was selfs die moontlikheid om my naam ligweg te verander. Die familienaam wat ek dra, moet eintlik *Zirk* wees, maar ek is verkeerdelik *Zirkie* gedoop, wat my irriteer. Dalk kan ek my naam op vorms sonder die *ie* begin skryf, het ek gedink. Maar toe die vorms voor my is, dink ek dalk skep dit net probleme as ek dit nou verander, en ek hou maar wat ek het. Wat wel gebeur het, is dat my noemnaam die *ie* verloor het. Almal noem my Zirk. Hier rym dit met *jerk*. (En dis presies hoe dit klink wanneer my Chinese en Koreaanse kennisse my naam gebruik. Hulle tale het nie 'n z-klank nie. Daar dzhoem of tsjoem die bye.)

Net soos wat ek nie daardie klein veranderinge kon deurvoer

nie, kon ek myself nie op ander maniere herskep tot iets meer be-
wonderenswaardig as wat ek destyds in Suid-Afrika was nie. Jy kyk
in 'n ander spieël, maar sien nog dieselfde gesig.

28 November 1998
Anna se jongste woord vir skilpadjies? Skulpiekatjies.

Verder: reën en wind. Regte Kaapse winterweer hier in die
doodsnikke van November. Maar gelukkig kla die locals ook.

Ons garage hang vol wasgoed.

Elsabé het vanoggend ons goed gaan was – en ontdek die
Chinese towenaar van Bright Star se plek het afgebrand!

Op die oomblik het ek geen vryskutwerk nie. My radio-
advertensie vir Tafelberg Uitgewers het glo goed uitgekom.

Hier is 'n kortverhaalkompetisie waarvoor ek gaan inskryf,
dink ek. Ek wil 'n storie oor 'n kameelperd skryf.

Ek het uiteindelik deurgekom na die tweede agentskap in
die BBDO-netwerk hier. Na maande van probeer kry ek die
baas gister in die hande. En ja, hulle soek juis op die oomblik
'n skrywer. Ek gaan hulle Woensdag sien. Ek het nie veel hoop
nie, want hier is 'n klomp werklose skrywers in die dorp en
hulle het nie Afrikaanse aksente nie. Maar ten minster is daar
'n job en iémand moet hom kry.

Die storie van die kameelperd het ek toe wel geskryf. Hy het
meer as twintig jaar later eers in *Vrouekeur* en toe in 2022 in die
ekspat-bundel *Ver in die wêreld* verskyn. Partykeer skryf mens
goed en dan het jy later bedenkinge daaroor. Maar by daardie
storie staan ek nog. Gaan lees hom gerus vir 'n verdere blik op
emigrasie.

Van Elsabé – 30 November 1998

Vir die res van die dag was ek intens depressief. Laatmiddag het ek selfbejammerend alleen sit en tee drink en karringmelk-beskuit eet by die plastiektafeltjie in die kombuis. Ek wou 'n tafel met 'n koek op hê, ek wou my mense om die tafel hê, ek wou blomme hê, ek wou geskenke hê, ek wou geskenke van my kinders af hê, ek wou 'n kaartjie van Z af hê.

Marieta se verjaardagboodskap aan my is dat ek die kosbaarste het, die liefde en toewyding van 'n man wat vir altyd by my sal wees. Ek sien dit so ook.

Die dag hierbo is Elsabé se verjaardag. Ek het daardie eerste jaar daarin misluk, en kere daarna ook, om die dag vir haar lekker te maak. Deel van die probleem is dat my eie verjaardag nie vir my 'n groot ding is nie. Sy voel anders. En dan is ek merendeels nie so bedagsaam as wat 'n mens behoort te wees nie. Blomme en geskenke gee is nie my sterk punt nie. Romanties is ek ook nie. Ek sê hierdie dinge nie omdat ek dink dis goed en reg dat ek so is nie, ek weet dis tekortkominge. Ek erken maar bloot die realiteit dat ek dit in baie jare nog maar selde reggekry het om op die regte tye bedagsaam genoeg te wees. Ek is geneig om so besig te raak met my eie gedagtes dat ek ander mense se behoeftes miskyk en hulle verwaarloos. Dit is 'n bekentenis, nie 'n verskoning nie.

Aan die ander kant maak ons elke keer 'n groot ophef van die kinders se verjaardae. Dat Elsabé die voortou neem, help verklaar hoekom dit so is, maar sy het hierin my heelhartige steun omdat daar nie vir die kinders oupas en oumas, ooms en tannies is wat help met die bederf nie. Al was geld erg skraps, het ons probeer keer dat dit nie die kinders se verjaardae demp nie. Ek het nie neergeskryf wat ons op die 25ste November vir Anna s'n gedoen het nie, maar dit sou wel 'n moedige poging tot oordaad gewees het.

3 Desember 1998

Ek het nie veel te sê nie en hier is dit: die lang weergawe van niks.

'n Opgewonde vrou bel my vandag en sê my magtig kêrel, waarom doen jy om so 'n stront joppie aansoek, jy met jou CV. Dit blyk toe 'n SA vrou te wees wat by 'n werksoek-agentskap werk. Maar haar komplimente help my bankrekening niks.

Omtrent elke tydskrif of sub-pos wat hulle hier adverteer, vereis dat jy in Quark moet kan werk, of soms Pagemaker. Dis uitlegprogramme. En ek kan die blerrie goed mos nie sommer aanleer net vir ingeval nie. Dan sê ek gee my die job en ek sal die goed op my eie tyd en koste aanleer, maar hulle wil nie byt nie.

Hulle soek 'n koerantsub vir drie maande op 'n klein dorpie op die Suid-eiland. En 'n plattelandse koerant in Kaitaia, byna heel aan die noordepunt van die land, soek 'n verslaggewer.

Hier buite my venster val druppels van die hoër bome af op die laer bome, dan wikkel die laeres se blare onvoorspelbaar. Dis soos magic.

Vanoggend was ek Bernard se gas by sy klas se Kerspartytjie. Die ouers het vreeslik hande geklap vir al wat 'n ding is. Oosterlinge, Maori's en Europeërs, almal maar eenders.

Ek sien baie daarna uit om vir julle goeie nuus te vertel. Maar daarvoor sal ons maar vir eers moet wag.

Almal is eenders, maar party mense het eiesoortige gewoontes. Enigiemand wat al die All Blacks sien rugby speel het, weet van die haka, daardie voetestamp- en tonguitsteek-dansritueel wat 'n geliefde eienaardigheid vir rugby-aanhangers is. Dis basies die ekwivalent van volkspele. (En nou kan ek nie die prentjie uit my kop kry van die Springbokke wat in paartjies hand aan hand in 'n kring stap en "Kom, patertjie, buig jou stywe dop" sing nie . . . Hoe sal dit nie die arme All Blacks ontsenu nie?)

As jy in Nieu-Seeland bly, kan ek jou sê, maak die haka later jou nerwe dun. Kiwi's doen dit tydig en ontydig. By een plek waar ek gewerk het, het die manne dit sommer in die koffiekamer gedoen. As jy eers een maal 'n spannetjie rekenmeesters en verkoopsmanne gesien het wat in hulle kantoorskoentjies en kraaghempies staan en haka, kan jy nooit weer dieselfde agting daarvoor hê nie.

Die ergste vir my is as jy by 'n gradeplegtigheid is, soos wat ek al meermale hier was. Honderde mense moet hulle grade kry, en die universiteit reël dit om so effektief moontlik te geskied. Die studente staan in groepe gereed en dan woerts almal op mekaar se hakke oor die verhoog en kry hul sertifikaat, huiwer 'n half-sekond vir 'n foto, en dan maak hulle hulle uit die voete. Totdat dit Piripi Hohepa se beurt is. Sodra sy naam uitgelees word, spring 'n oom of 'n ding in die gehoor op die been en begin 'n woeste kreet: "Aa-hoepa-a-hei," of iets van dié aard. Die hele whanau (familie) doen mee, almal staan op en stamp voete en bulder 'n ellelange haka uit. Dis dan dat ek agterkom hoe seer my agter-stewe al gesit is. Ná die langste minute in menseheugenis sterf die gedoente uit, en alles verloop weer flink en vinnig. Totdat die ou Aroha Tipene se naam uitlees, en die geroep en gestamp uit 'n ander hoek uitbreek.

Óf ek is kultureel onsensitief óf die haka-manne is sosiaal on-sensitief. Kies jy maar.

6 Desember 1998

Ek voel absoluut ek moet dié week iets gereël kry wat werk betref. Ek wil sê dat as ek nie hierdie week iets gereël kry nie, ek Vrydag in paniek gaan verval en boedel oorgee, maar natuurlik sal ek dit nie kan bekostig nie, wat ook al gebeur. Jy kan nie bedank uit die lewe uit nie.

8 Desember 1998

Ek het vandag die eerste van 'n reeks direkte-reklame-agentskappe gaan sien. Môre sien ek nog twee en Vrydag een. Maandag moet ek weer kontak maak met een wat ek verlede week gesien het.

Die ou wat ek vanmiddag gaan sien het, het my 'n ruk later gebel en gesê hy het twee vryskutprojekte vir my en ek moet môre kom om dit met hom en sy vennoot te bespreek. Die plek se naam is Magnet Direct.

Die vryskut is fantasties om te kry, maar natuurlik hoop ek vir iets meer permanents.

Ten minste kan ek nou vir eers vir die wolf sê om by 'n ander varkie se deur te gaan raas en blaas.

Van Elsabé – 10 Desember 1998

Zirkie lê en slaap sy kragdut, of wat dit ook al in Afrikaans is. Hy skraap sy kragte bymekaar sodat hy die advertensiemense vanmiddag kan beïndruk met sy op-en-wakker idees. Wanneer hy snork, vra Anna: "Wat maak so?"

In ons leë sitkamer blink ons Kersboom met tuisgemaakte versierings. Die kinders se geskenke kos baie, maar dis okay. Ek kan nie sê dat ons in die gepaste feestelike bui is nie, maar ons voel beter oor die vryskutwerk wat Z gekry het en die belofte van meer.

Op ander fronte gaan dit ook beter. Bernard se juffrou is baie beïndruk met hom. Hy het glo nou in 'n kwartaal soveel geleer as wat die ander kinders in sy klas in 'n jaar geleer het. Volgens haar skuif hy op na jaar 3 toe. (Hy was in jaar 1.)

Mense sê die ding om in die somer te doen, is om vis en tjips op die strand te gaan eet. Dit sal ons doen wanneer die wind gaan lê en dit warm word, soos wat dit volgens alle gerugte soos 'n wonderwerk rondom Kersfees gebeur.

Ek onthou warm Kersfeesaande by Elrena-hulle vol van 'n eiesoortige welwillendheid en vrede.

Elrena is 'n boorling van Stellenbosch, sosiologie-professor (nou afgetree) en Elsabé se gabba. By haar aan huis eet en kuier jy soos in 'n Fellini-fliek – lang tafel buite, kosbakke, kerslig en mense wat lag. Dis om van te droom – wellewendheid van 'n aard wat ons nog nie in Nieu-Seeland teëgekom het nie. Dalk is die mense hier nie so nie, of dalk het ek nog net nie die regte mense leer ken nie.

Elrena is die enigste vriend wat nog by ons kom kuier het hier. Sy het met 'n kombers om haar skouers op die strand gesit terwyl die kinders swem.

13 Desember 1998

Nadat ek vanoggend werk by Magnet Direct gaan haal het, en gehoor het ek moet môremiddag 'n volgende job kom kry, is ek vanmiddag na nog 'n klein agentskap in Takapuna. Hulle het wragtig ook vryskutwerk vir my! Ek moet dit glo Dinsdag kom haal. Hulle het 'n paar klein jobbies waaraan ek voor Kersfees kan werk. Dan maak hulle toe tot 11 Januarie, waarna daar weer werk vir my sal wees.

Hul situasie kan dalk tot iets verder lei. Hulle het nie 'n skrywer nie, maar is ook nie seker hulle kan een bekostig nie.

Vrydag gaan ek nog 'n agentskap sien – die grootste direkte-reklame-agentskap in Nieu-Seeland, Aim Direct. Hulle het reeds oor die foon vir my gesê hulle sal volgende jaar nog 'n skrywer moet aanstel. Maar wanneer volgende jaar en of ek in aanmerking gaan kom, weet ek nie.

13 Desember 1998

My gemoedstoestand is nie van die beste nie. Ek wil my eie goed hê in 'n huis waar mens rondom kan loop en jou kinders kan gaan stuur om buite te speel. Waar ek vuur in die Weber kan maak. Waar Elsabé tog in godsnaam in die grond kan krap. Ek is getempteer om by te sit: Waar mens naweke vir jou vriende kan gaan kuier.

My kar se CV joints wat so klakke-klakke laat my arm voel.

Hopelik het ek in die komende week goeie nuus. Magnet Direct se ouens het sommer voor my vir mekaar gesê hulle moet nou die geld vind en iemand aanstel. Synde waarskynlik ek. Ek hou my blerrie duime vas.

Die twee agentskappe wat ek by name noem, Aim en Magnet, het albei 'n verdere rol in my lotsbestemming gespeel, hoewel nie heeltemal soos ek gehoop het nie. Hul kantore was een straatblok van mekaar af, maar die verskil kon nouliks groter wees – Aim was groot en suksesvol, Magnet 'n paar jong ouens wat sukkel om iets op die been te bring. Magnet het 'n sustermaatskappy gehad wat gewone reklame doen, Dynamite Advertising, wat ook in my toekoms sou figureer, hoewel eers heelwat later.

14 Desember 1998

Hier is 'n program op die TV oor die geskiedenis van rock-musiek. En dit laat my nou wonder hoe mens vashou aan die erns wat jy gehad het toe jy jonk was en gedog het dis depressie. Dit was erns. Wat jy nou het, met twintig wat ver agter jou lê, dít is depressie. Al probeer jy jouself wysmaak dis erns.

En omdat niemand behalwe soetbedroefde jongmense enige erg aan depressie het nie, beskerm jy jouself met berekende ligsinnigheid as jy ek of Jurie is, en met gepekelde poësie as jy André le Roux is. Maar in jou hart der harte vermoed jy met goeie rede dat die aand nooit weer op 'n blou Vespa sal aankom nie.

Al trek jy landuit, hou die gewone psigiese prosesse nie op nie – jy veg tegelyk buitentoe om oorlewing en binnetoe om begrip.

Die blou Vespa kom uit een van André se jeugdige gedigte in *Struisbaai-blues*.

Jurie is 'n ander vriend van wie ek nog nie geskryf het nie, maar wat meermale sal figureer. Vir hom het ek ook talle e-posse geskryf, maar hulle het nie behoue gebly nie. Ons het in die army ontmoet toe ek by die leërkoerant *Uniform* gewerk het, en hy luitenant daar was. Jurie is baie slimmer as ek en weet van geld en kuns en so aan. Hy het deesdae 'n kunsgalery op Montagu.

Ek het terloops my misdaadverhaal *'n Ander mens* aan André en Jurie opgedra.

15 Desember 1998

Die eerste agentskap wat ek hier gaan sien het, was Colenso. Hulle is lid van die internasionale groepering waar ek in die Kaap gewerk het, nl. BBDO.

Terwyl ek besig is om vordering te maak by agentskappe wat direkte reklame doen, bel die headhunter wat my maande gelede Tauranga toe gestuur het. (Onthou?) Hy sê hulle soek iemand by Colenso, en kan ek sommer vanmiddag nog daarheen gaan vir 'n onderhoud.

Die nuwe creative director, een maand in die job, is baie haastig toe ek daar aankom en gee my skaars kans om te praat. Hy verduidelik, maar ek volg nie mooi nie. Later las ek die stukke aanmekaar en werk uit wat die storie is, dat hulle twee ontwerpers daar het wat werk sonder 'n skrywer. Dis ouens wat brosjures en plakkate en sulke goed doen, sg. below the line in reklametaal. Ek het as vryskut vir daardie einste ouens goed geskryf, juis op die Bank of New Zealand-rekening waarop hulle werk – ontdek hulle eers toe ek al op pad by die deur uit is. Hulle soek 'n permanente ou, want dit gaan dol daar.

Ek sal blykbaar sommer gou hoor watter kant toe die wind waai.

Dis nou sover ek kan sê. Hoop spring ewig in die buuste van 'n man.

Terwyl ek so woeker en wag wat werk betref, kom daar 'n groot verwikkeling by die huis. Met ons meubels wat oor 'n paar weke sou aanland, het dit vir ons duidelik geraak dat ons blyplek glad nie groot genoeg gaan wees vir ons logge goed nie. Meubels hier neig om, soos die huise, kleiner te wees as waaraan ons gewoond was. Dus moes ons weer dink aan trek. Hierdie keer het ek kinders opgepas, sodat Elsabé ongestoord kan soek. Terwyl ek nou die land gekies het, kan sy maar die huis uitsoek.

17 Desember 1998

Ons het 'n nuwe huis gehuur en trek op 8 Januarie in. Dis 'n drieslaapkamerplek met 'n kombuis waarin mens kan eet, aparte eetkamer en sitkamer, plus dan nog 'n opwaskamer. Daar is 'n afdak vir die kar en 'n dek om die sonkant.

Die eienaars het ongelukkig volvloermatte oral behalwe die kombuis en die badkamer laat insit, maar in dié kamers is die pragtige donker houtvloer te sien. Die huis dateer uit 1940 se koers, en is goed opgepas.

Soos dinge maar hier gaan, staan hy in iemand anders se agterplaas, maar dis nie so erg soos dit klink nie. Die dek kyk uit op 'n skool se sportveld, net langsaan. En dit is ook die begin van 'n stappaadjie in een van die vele bosreservate wat hulle hier het. Ek kan dus by my tuinhekkie uitgaan en in 'n bos gaan stap waar party bome 200-300 jaar oud is.

Die badkamer is lekker, met sy houtvloer en bad op pootjies. Die kombuis is sonnig. En uit die eetkamer maak dubbeldeure oop op die dek.

Aan drie kante van die huis is daar tuin – omtrent so breed soos ons voortuin in Mowbray en redelik begroei.

En dit kos als 'n raps goedkoper as ons huidige plek!

Dis die dag se nuus. Ek wag steeds om van die werk by Colenso te hoor. Daar het ook intussen werk by nog 'n agent-skap opgeduik waar ek hoop om binnekort vir 'n onderhoud te gaan.

18 Desember 1998

Hier lê 'n klompie vryskut wat seker nie 'n fortuin kan betaal nie, maar wat deure kan oopmaak. Maar nou voel ek eers troebel, en die wind waai 'n snotskoot.

Dis tien voor vyf op 'n Vrydagmiddag en Colenso het nog niks laat weet oor die werk nie. Ek vermoed dit beteken slegte nuus. Maar hoe sleg weet ek ook nie, want die creative director het geen goeie indruk op my gemaak nie, en ek hoor ook maar snaakse stories van hom. Wat ek glo, op grond van my bietjie ervaring met hom.

Ek is intens moeg van hierdie uitgelewerde gevoel, maar watter keuse het ek nou in dié stadium?

Daar was toe ek resensies vir *Die Burger* geskryf het 'n fliek waarin David Keith gespeel het, toe mense nog gedink het hy gaan dalk 'n ster word. Hy is in die storie 'n Amerikaanse atleet wat in Rusland gevang word. Daar word hy in die haglikste omstandighede aangehou. Maar hy hou uit, want hy is immers 'n Amerikaner en 'n atleet. Dan eendag sê die Russe vir hom: "Raai wat? Jy gaan huis toe. Jou vrou is hier om jou te kom haal. Trek jou vrot klere uit, gaan was en skeer." Wanneer hy dan hiermee klaar is en hy wil sy vrou sien, sê hulle: "Hier is jou vrot tronkklere. Ons het sommer net gelieg." Dis dan waar die ou crack.

Ek het begrip. 'n Bietjie hoop is 'n gevaarlike ding.

My dogter van twee het verkoue. Sy loop hier rond en kla: "Ag nee, my neus loop uit. My neus loop uit."

Dit dan die hoogtepunt van my dag.

Van Elsabé – 18 Desember 1998

Terwyl die son nou eers daar by julle opkom, weet ons alreeds dat die week wat vir ons so vol belofte was, op hierdie Vrydag-aand abortief eindig. Zirkie is nog niks wyser wat 'n moontlike werk by Colenso betref nie. Ander beloftes van 'n permanente werk het ook nie gematerialiseer nie.

Dit het vandag gereën. Die woud hier voor ons vensters lyk lewendig soos die wind dit waai.

Ons sien uit daarna om na ons volgende huis te vertrek. Die deure en ingeboude kaste is van donker kaurihout gemaak. Die venster het die geometrie van die Art Deco-tyd. Uiteindelik is daar weer 'n klein tuintjie waarin ek kan werskaf as die weer dit toelaat. Maar ek het afgeleer om in huurhuise te bly en doen alles maar halfhartig. Moeiliker om in die moment te leef. Of om 'n toekomsperspektief te hê. Of is ek net bederf? Of het dit alles net mooi niks met huurhuise te doen nie? Ek wonder of ons weer 'n huis van ons eie sal kan bekostig.

Nogal 'n patroon in my lewe hoe ek altyd ontneem word of myself ontneem van materiële besittings. Ek wonder hoekom. 'n Karma wat sukkel om homself te voltrek? 'n Les wat ek nog moet leer? Of geleer het? Solank my kinders net genoeg het. Ek sien daarna uit om weer 'n pot te maak, dié keer in die afsondering van die waskamertjie in ons nuwe huurhuis.

Elsabé is 'n pottebakker. Sy het benewens bietjie kleiwerk as kunstudent op Stellenbosch in Barbara Jackson se ateljee in Groenpunt verder geleer. Sy werk nie met 'n wiel nie, sy pak slangetjies klei opmekaar en bewerk hulle met haar hande. Elke pot het 'n lewe en aard van sy eie, die merke van haar vingers. Dis primitief en baie gesofistikeerd tegelyk.

Eenkeer, voor ons nog getroud was, praat sy met my oor potte maak en haar passie kom so sterk deur dat ek op die daad van voor af verlief raak. Van toe tot nou is daar niks wat my gelukkiger maak as om haar gelukkig te sien nie. En tog was ek die oorsaak van haar grootste ongeluk.

20 Desember 1998

In die huise teen die heuwel brand ligte. Daar leef mense daar, soos iemand Athol Fugard vertaal het.

Ek leef hier en werk aan my vryskut en my frons.

Jy weet al als van my teenswoordige spanninge. Soos jy als weet van my voortdurende kwessies. Dus vertel ek jou maar wat gebeur.

Gister het ons in die oggend weer die huis 'n goeie kyk gaan gee, en ons hou van hom. Die bos agter hom is iets uit 'n boek uit. Ek meen ons sal dalk meermale daar stap. Onder en langs die huis is heelwat gemors waarmee ons sal moet plan maak. En die muskiete moet bestry word.

In die middag het ons noordwaarts gery, na Whanga-paraoa (sê *vang-'n-parra-ou-a*, die Maori *wh* word as 'n sagte *f* uitgespreek). Oral op openbare plekke is min mense, selfs as daar baie is. Hier is baie spasie vir die aantal inwoners.

Vanoggend is ons na 'n mark in Takapuna waarvan ons baie gehoor het. Dis heel okay in terme van wat te koop is. En dis die meeste mense wat ek nog hier bymekaar gesien het. Maar ek geniet nou maar eenmaal nie die ronddruk tussen die menigte nie – veral as jy weet jy het geen geld om g'n niks te koop nie.

Vanmiddag is ons na die Auckland Domain, 'n park van 340 hektaar net neffens die middestad. Daar gekom, sien ons mense op die gras sit en lê om 'n gazebo. Ouens staan daarin en speel jazz waaraan ek geen erg het nie. Daar stap ons toe oor die haas eindelose grasperke, tussen die groot ou bome deur. Later eet ons roomys.

Ek dink wat ons Kersdag moet doen, is om daar te gaan piekniek hou. Ek kan nie langer as een uur see toe gaan nie.

Die park het gras en bome en koelte en son, as die dag son het. Die kinders kan hol en lê en boomklim en eet. En selfs bal skop as ek so voel.

Dit was die naweek. As ek nie in die week wat kom iets van werk hoor nie, kan ek maar vergeet tot na Nuwejaar.

Om nou uit respek vir jou digterlik te raak (met apologie aan NPvWL)

Mooi is die lewe
En my oë is rooi

Om ure in parke en woude deur te bring, is iets wat ons nie meer doen vandat die kinders groot is nie, maar dit was 'n lang ruk deel van ons bestaan, deels omdat dit mooi is en deels omdat dit nie geld kos nie.

Op ons vroeë boswandelinge – ek praat aanhoudend van bosse, maar dis eintlik woude – het ons soms mense raakgeloop met wie jy 'n gesprek aanknoop. As hulle hoor ons is van Suid-Afrika, is daar 'n paar rigtings wat die gesprekke tipies vat. Een ontstellende ding is dat party mense aanneem dit beteken jy is rassisties, en hulle kan maar laat waai met hul eie negatiewe menings oor Maori's, asof ons op dié manier gemeenplase gaan vind. Die mees algemene onderwerpe wat mense dan ophaal, is Nelson Mandela en Wilbur Smith. Dis die Suid-Afrikaners van wie hulle in die laat 1990's geweet het.

Nieu-Seeland is omtrent so ver van die wêreld se woelinge af as wat jy op hierdie planeet kan kom. Van hier af is dit betreklik maklik om morele uitsprake te lewer, want die onderliggende kwessies raak nie aan jou bas nie. Jy hoef nie die bedelaar of boosdoener in die gesig te kyk nie, dis nie jou familie wat wandade pleeg of daaronder ly nie. Dus kan mense vryelik menings vorm en uitspreek. Wat hulle ook doen. Dit het my verbyster dat mense by die werk oor politiek of godsdiens praat, onderwerpe wat in my werksloopbaan in Suid-Afrika taboe was, ter wille van die organisasie se eenheid.

En dan het party maar snaakse idees. Heelparty mense hier glo blykbaar dat Nieu-Seeland 'n belangrike rol gespeel het om apartheid tot 'n einde te bring, oor die All Blacks nie teen die Springbokke rugby gespeel het nie. Dan luister ek maar en dink by myselwers dat mense in Suid-Afrika in die strate geveg en doodgegaan het, en om nie na 'n rugbytoets te kon kyk nie, het wragtig nie FW of PW se opinies of optrede verander nie.

23 Desember 1998

Die ouens wat so haastig gelyk het om iemand 'n werk te gee, het skielik stil geraak. Om die waarheid te sê, Nieu-Seeland in sy geheel maak toe, en sal eers weer op 11 Januarie oopmaak.

Die plek herinner my in baie opsigte aan 'n Suid-Afrika van dekades gelede. Dis aan die een kant aantreklik, die gebrek aan kommersialisme, maar kom jy by 'n restaurant of tourist spot, dan is hulle toe of maak toe.

Vandag was ons weer in 'n reusepark – dis wat 'n mens doen as jy nie na vriende toe kan gaan nie, jy gaan parke toe. Dis 'n pragtige plek, One Tree Hill, op en om 'n vulkaniese heuwel. Beeste en skape loop daar rond. Helse groot bome staan oral. Dit lyk soos 'n gholfbaan in die hemel. Maar kom jy by die restaurant, maak hulle die deur voor jou toe. 'n Bord sê hulle sal Kersnaweek en Nuwejaarsnaweek toe wees.

Somer het vandeesweek hier aangekom. Dis bv. vandag 23 grade, maar betreklik bedompig, sodat 'n mens bewus is dis warm. Die insekte geniet hulle gate uit. Die lug is merendeels blou. Die mense sê dit sal nou vir 'n paar maande lekker wees. Februarie is die warmste maand.

Ek was vandag by Pickfords om my doeanevorms af te gee. Ons goed kom Saterdag en sal op 8 Januarie by ons nuwe huis afgelewer word. Dis nou as die land nie toe is tussen nou en dan nie.

Bernard tel die slapies tot Krismis. Anna skree snags. Elsabé tel die slapies tot ons geld op is. Ek slaap verbete.

Simpel soos wat dit mag klink, het ek nou basies besluit as ek nie in die opbloei van werksgeleenthede in Januarie/ Februarie iets kry nie, ek gedwing sal word om maar uit te vind of daar nie in die Kaap vir my werk is nie. Ek kan nie onbepaald sonder inkomste bly nie – en wil darem nou ook nie my laaste sente oplewe voor ek besluit ek het dié een verloor nie.

Dis too ghastly to contemplate, maar ek sal op 'n punt kom waar damage control genoodsaak word.

Ek het bietjie vryskut waaraan ek tans werk. My plan is om die werk teen volgende week klaar te maak, dat ek dan die eerste week van Januarie kan maak of ek vakansie hou, en kan regmaak vir my trek die Vrydag.

Van Elsabé – 24 Desember 1998
Bernard dans deur die huis en tel die ure na Kersoggend toe. Anna sê Krismis, Krismis, lekker Krismis. Die weervoorspelling vir môre is gunstig. Ons is vasbeslote om 'n lekker dag te hê.

Jy het nie sommer 'n lekker dag net omdat jy so besluit nie. En wat vir die een lekker is, is nie noodwendig só vir die ander nie. So kom en gaan ons eerste Kersdag in Nieu-Seeland.

26 Desember 1998

Ek het rede om te glo dat Elsabé dit nie met my eens is nie, maar vir my was dit die tweede beste Kersdag wat ek kan onthou. In elk geval van my volwasse lewe. Verlede jaar was ons op Kapteinskloof, en dit was lekkerder. Maar ek het van gister gehou.

Die weervoorspellers het mooi weer voorspel, maar soos gewoonlik was hulle verkeerd. Dit was bewolk en 'n koelerige wind het ons laat wonder of mens nie maar iets oor jou hemp moet aantrek nie. Ons het mettertyd na 'n meer windbeskutte plek geskuif, nader aan bome waarin die kinders kon klim. Die son het toe ook toenemend uitgekom en dit was heel lekker. Ons het te veel gevreet.

'n Ent van ons af het 'n eensame ou gelê en rook. Werkers-klas-ou met tatoeëermerke en hy rook sy sieghret soos iemand van Epping af, met sy vingerpunte om die filter en die kooltjie wat na sy palm toe wys.

Laatmiddag kom ons toe terug. Bernard speel met sy goed. Anna en Elsabé kyk met een oog TV.

Elsabé beskou inderdaad daardie eerste Kersfees as die ergste nóg – stoksielalleen en mistroostig. Wat dit wel was. Miskien is ek deur 'n misplaaste gevoel van vryheid verlei om so positief te voel oor die dag. Dit en die herinnering aan 'n klompie werklik aaklige Krismisse van voorafgaande jare, onder meer die keer toe die bure se diefalarm die goddelike dag lank geloei het, of die keer in die Boland toe ek so hittete aan hitte beswyk het.

27 Desember 1999

Ek is bewus van 'n soort begrip in my kop wat nie ruimtelik, rasioneel en by verre nie in woorde vas te vang is nie. Dit het te doen met 'n idee van afstand en afsondering, 'n eiland, en die weer wat verbytrek.

Baie van die wêreld se mense lewe waar die weer iets is om te verduur, en net by uitsondering om te geniet. As ek so terugkyk en om my kyk, dan kan ek sê een van die dinge wat ek hier kom leer het, is om op 'n nuwe manier na die weer te kyk.

Ek leer ook verder aan my moeilikste les, nl. die plek van werk/geldmaak in 'n mens se lewe, of meer spesifiek in my lewe. Nie dat ek wil beweer ek is by 'n antwoord nie. As ek eendag 'n antwoord het, sal ek seker soos gewoonlik moet toegee dat dit iets is wat Jurie geweet en verstaan het toe hy 19 was, of kort daarna. Maar ek leer sekere dinge stadig. Ek het jou al gesê my begrip loop soos stroop om die klonte van wat waar is.

Dis amper Oujaar en ek kyk oudergewoonte terug. Die trek het ek in die jaar reggekry, soos ek gehoop het. Dat ek dit suksesvol gedoen het, kan ek nog nie sê nie. Nie voordat my toekoms hier verseker is nie.

28 Desember 1998

In respons op jou boodskap en sekere ongesêde of swak gesêde goed in myne:

My en Elsabé: Jy sê ek moet haar aan my kant kry.

Dit is sy dalk nie in alle opsigte nie, maar sy is aan my sy, en dit tel vir iets. Ons het 'n erg goeie verhouding wat eintlik net beter word, ondanks hierdie fase waarin ons nou is, naamlik dat ons hier is hoofsaaklik oor my hardkoppigheid en dat dinge hier nie 'n ongekwalifiseerde sukses is nie. Ek en sy praat en nou en dan haak ons bietjie vas, soos 'n grammofoonplaat of mense wat vashaak. En dis maar altyd net een kwessie, nl. die besluit in watter land ons moet woon. Maar dit was al so in SA, waar ek nie wou bly nie.

As jy dus enige bekommernisse het oor ons samesyn, kan jy ontspan. Maar die harmonie hier beteken natuurlik nie dat ek daarom geen behoefte het aan ander gespreksgenote nie. Dis vir my nodig om met jou te praat (a) oor ons ou pelle is en (b) omdat ek my gewaarwordinge moet deel met iemand wat nie self in hierdie situasie is nie.

Dan vra jy oor geld: Ons is vir die oomblik okay, maar natuurlik is ons nie onbepaald okay nie. As een van ons nie 'n vaste inkomste kry nie, sal daar 'n punt kom waar ons onteenseglik finansieel in ons moer is. Oor waar daardie punt is, kan 'n mens redeneer. Sekere mense sal reken ons is hom lankal verby. Maar jy kan van blote oorlewing praat, kos en so aan, en dan is ons nog 'n hele ent weg van hom af. Ons grootste bate, finansieel gesproke, is my vermoë om te werk – 'n potensiaal eerder as 'n som geld.

Die realistiese afsnypunt vir my is wanneer ons nog net genoeg geld het om terug te gaan na 'n werk toe daar, maar nie genoeg om langer hier te bly nie. Ek en Els het besluit vir ons is daardie punt hier in Maart se koers – nie net oor die geld nie, maar ook omdat ek dan sal moet aanvaar dat my werksvooruitsigte hier vrot is.

My siening hieroor is dat ons 'n groot terugslag gevat het, geldelik gesproke, weliswaar groter as waarop ek gereken het. Maar sodra ek kan begin werk, kan ons die verlies mettertyd vergoed.

En dit is die scenario waarna ek steeds mik, dat ons binnekort kan begin om die verlies in te haal. Ek glo steeds dat ek betyds werk sal kry sodat daardie gedwonge-teruggaan-opsie nie 'n werklikheid word nie.

Dis die geldstorie. As ek niks geld het nie, gaan dit oor waar ek werk kan kry. Wat dus in Maart kan gebeur, is dat ek weer in die Kaap ook begin werk soek, en dan gaan ek na waar ek die eerste werk kry – hier of daar. Ek hoop dis hier, al is jy en 'n klompie ander mense daar, om redes waaroor ons reeds gepraat het.

Elsabé wens ons was daar by julle. Ek wens julle was hier by ons. Die weer neig om vrot te wees, maar verder moet ek werklik sê hier is veel wat my aanstaan.

Van Elsabé – 30 Desember 1998

Hier sit ek op die Oujaarsaand. Kinders aan die slaap gemaak. Man hoogs die donner in gemaak. Ek is dronk gelees aan die *YOUs* en *Saries* wat vandag hier aangekom het. Dis juis die *YOU* wat veroorsaak het dat Z en ek na ons fight met middag-ete nog nie met mekaar gepraat het nie. Want toe ek die foto sien van die hydro en die berg en die wingerde en die warm stilte en vir die honderdste maal sê hoe ek eenvoudig móét teruggaan, word Z vir my siedend woedend. Ek verstaan dit. Ek het dus onderneem om nie weer hierdie alomteenwoordige behoefte van my uit te spreek totdat 'n jaar hier verby is nie. Dit is so, ek voel diminished en uit beheer en skaam. Ek voel ook geregverdig in my woede en despair. Maar ek gaan my bek hou van nou af. Ek is seker almal vir wie ek skryf, is ook al sat vir my jammerlike gekla en ek onderneem ook om in die nuwe jaar minder self-indulgent in my briewe te wees. Ek gaan baie gefokus werk aan my pottery. En mag die Here my help in my resolve en my laat glo dat die pottery my sal red. Want baiekeer is dinge in die aand vir my duideliker, maar dan kom die oggend en alles is weer chaoties en ek moet my werklikheid weer van voor af organiseer.

Wat potte maak vir Elsabé is, is skryf vir my – 'n speelplek en toevlugsoord. Boonop gee dit my daaglikse bestaan die illusie van 'n doel om voor te werk, en hou só die donker duiwels van wanhoop op hul plek.

1 Januarie 1999

Dit maak my gelukkig as ek skryf. Al is dit iets wat my moeg maak, gee dit my energie. Enersyds omdat ek reken ek doen dit nogal goed, so van tyd tot tyd. En dis iets van my eie, waarby ander nie inmeng nie – ten minste nie in die aanvanklike skeppingsfase nie. Maar ek voel ook goed omdat dit vir my voel ek bring iets tot stand wat betekenis gee aan my lewe. Nie omdat ek dink daar is inherent iets veredelend of wat ook al aan skryf nie. Dis maar net my doel/talent/ aktiwiteit. As ek meubels, potte of tuin kon maak, sou dit dieselfde kon wees. Om nou diepsinnig te raak: Ek glo die punt van dit als is om te doen wat jou gelukkig maak, natuurlik sonder om ander daardeur ongelukkig te maak. Dieper, wyer, groter, langer of verder as dit kan ek nie sin vind nie.

In elk geval, soos ek al voorheen gesê het, die kwessie vir my is nie die sin nie, maar die tegniek van die lewe. Hoe de hel doen mens dit?

Ek sien uit om volgende week ons eie goed weer te hê. Ek sal moet plugs aansit dat die rook draai, want SA plugs pas nie hier nie. 'n Aspek wat my wel pla, is dat die goed dit vir ons moeiliker maak as ons dalk moet terug. As ek geweet het ons gaan so lank daarsonder sit en dat dinge gaan wees soos hulle nou is, dat ons dalk gedwing sal word om terug te gaan, sou ek dit eerder in SA laat stoor het. Maar nou ja. Ek hoop nog als werk uit hier. Indien nie, sal ek 'n finansiële terugslag gevat het wat minstens gelyk staan aan my egskeiding – en dié keer met 'n gesin. (Het jy nog 'n kamer vir my?)

Dit lyk my ek moet elke tien jaar groot kak aanjaag.

Ek glo nogtans dat als hier kan werk. Ek werk met die veronderstelling dat dit gaan werk. Dat die baie opoffering die moeite werd gaan wees op die lang termyn. Ongelukkig stem Elsabé nie met my saam hieroor nie. Daaraan kan ek niks doen nie.

Maar dis my probleem.

Van Elsabé – 3 Januarie 1999

Vir meer as vyf maande al dink ek met die terminologie van iemand in rou, daarom voel dit nou gepas om te sê dat dit voel asof ek 'n mate van berusting vind in ons voortgesette verblyf hier. Ek weet nie of dit die geveg is wat ek en Z nou die dag, nogal op die Oujaar, gehad het nie, maar sedertdien is ek meer bereid om aan hierdie hele tyd te dink as tydelik en dat ons na so twee-en-'n-half jaar terug kan gaan SA toe. Ek voel ek het so 'n bietjie gesurface uit my dal van doodskaduwee en ek is dankbaar, want ek sien weer so effe die bome raak, ruik die see en hoor die voëls. Daar lê sekerlik nog baie swarigheid vorentoe.

Ons trek eerskomende Vrydag na 'n nuwe huurhuis toe. My hart is seer dat Bernard nie wil gaan nie, dat ons hom weer eens ontneem van iets waaraan hy gehag geraak het.

Ek probeer kompenseer met liefde waarvan my hart wil bars vir hom en Anna, maar ek weet nie of dit altyd help nie. Julle moet asseblief duim vashou dat een van ons in die volgende week of twee vaste werk kry.

As jy met 'n gesin trek, is almal se geaardheid ter sake. Ek wou verbete uit Suid-Afrika kom, Elsabé is verknog aan die land en Bernard haat verandering van enige aard. Toe ons byvoorbeeld later die karretjie verkoop wat ons in die eerste naweek in Nieu-Seeland gekoop het, was hy so ontsteld dat ons hom maar later toegelaat het om een van die kar se koprus-kussings uit te haal en te hou. Dié het jare lank in sy kas bly lê, saam met 'n stuk-kende strykyster wat hy uit die asdrom gered het. Hy het pajamas uit sy kinderdae tot diep in sy tienerjare gedra, toe die hempie net 'n paar some was wat deur rafels aanmekaargehou is en die broek 'n rek met vodde ondertoe. Wat maar 'n aaklige gesig kon wees as 'n tienerseun so rondloop. Die meubels in sy kamer word nie geskuif nie, en so aan.

Om van huis te verwissel, veral vir die derde keer in minder as ses maande, met 'n klompie rondslaapnagte by vriende, familie en hotels tussenin, was vir Bernard baie swaar. Dié dat ons hom toe maar eerste keuse gee van 'n kamer in die nuwe huis, waar hy toe die hoofslaapkamer kies. 'n Mens sou kon sê ons het die kind bederf, maar daar is so min wat jy vir jou kind kan doen en so 'n kort tydjie waarin jy dit kan doen . . . Dis my verskoning.

Ongelukkig het Anna toe aan die kortste end getrek, want die derde slaapkamer kon nie 'n dubbelbed vat nie, en sy is daarheen verban, met die badkamer tussen ons. Ek voel nog steeds sleg daaroor dat ons die kind so stief behandel het. Ek sal geld daarop sit dat sy dit vir 'n terapeut vertel het of dit nog gaan doen.

En terwyl kinders grootmaak ter sprake is, moet ek eers van Knoef vertel. Dis 'n hond wat ek en Elsabé in die Kaap gekry het voordat ons kinders gehad het, 'n baster-bulterriër waarop ons, soos soveel jonggetroudes maak, kon oefen om ouers te wees. En Knoef het inderdaad vir my my eerste les in vaderskap geleer.

Ons het hom klein-klein gekry, en toe hy groot genoeg is om die wêreld buite ons erf aan te durf, het ek vir hom 'n leiband aangesit en die strate ingevaar. Honde hou mos van loop, het ek gedink. Eers is dit vir hom tog te opwindend, hy snuif hier en pie-pie daar. Maar ná 'n ruk raak die hondjie traag. Knoef skop teë en naderhand moet ek hom behoorlik sleep om verder te loop.

Toe ons uiteindelik weer by die huis instap, sien ek bloedspore op die vloer.

Die arme hond se pootjies was nog sy lewe lank net aan plank-vloer en grasperk gewoond, besef ek toe. Teen sementsypaadjie en teerpad was hulle nie opgewasse nie. En Oubaas, met die beste bedoelings, sleep die stomme dier straatop en straataf . . .

Die skuldgevoel ry my. Ek vertel die storie die volgende dag vir my baas by die werk, vader van vyf. En toe slaat hy my met: "As jy 'n pa is, doen jy dieselfde, maar jy doen dit aan jou kind se siel."

Jip. Soos wanneer jy hulle teen hul sin sleep na 'n ver, ver land.

7 Januarie 1999
Waar maak ek nou 'n flop.

Ek bel ons landlady (asook buurvrou) by die nuwe plek.

Ek wil haar vra om die sleutel vir my uit te sit, want ons trek vroeg in die oggend. Daar kom ek by die antwoordmasjien.

Ek babbel en sê sy moet asseblief die sleutel uitsit, "or else I'll have to come knock you up early in the morning . . ."

Ek dink ek moet maar die trek kanselleer.

Die vrou wat ek gedreig het om swanger te maak, was nie die landlady in die sin dat sy die huis besit nie. Die eienaars was in Perth en sy bloot die persoon wat gevra is om na die plek om te sien; die property manager, soos dit hier bekend staan. Ongemaklik oorgewig blonde vrou met 'n aantreklike man.

Dis nogal iets wat my destyds opgeval het, hoeveel aansienlike mans hier minder aansienlike vroue het. Enersyds is dit so dat vroue hier oor die algemeen minder ag op hul voorkoms slaan as in Suid-Afrika – dra minder grimering, trek meer verslons aan selfs as hulle uitgaan in die wêreld, en so aan. (Dis nog voordat ek eens kom by die Asiese meisies en tannies wat in pastelkleurwinterspajamas in die dorp rondloop.) Die akuut-gegrimeerde Afrikaanse poppies wat 'n mens in Suid-Afrikaanse winkelsentrums sien, sou hier die koppe laat draai. En die ander aspek is dat die gemeenskap minder seksisties is as waaraan ek gewoond was. Die mans tjek nie meisies uit soos in Suid-Afrika nie.

Nie net was Nieu-Seeland in 1893 die eerste land ter wêreld waar vroue stemreg gekry het nie, maar toe ons hier aankom, was die eerste minister 'n vrou. Haar opvolger was eweneens 'n vrou. 'n Paar jaar later was die goewerneur-generaal (staatshoof), eerste minister (regeringshoof), hoofregter en speaker in die parlement tegelykertyd almal vroue.

Was dít nou vir jou 'n strontspul!

(Op tye soos hierdie mis ek 'n emoji wat kan wys ek grap net. In werklikheid was die tannies ten minste so goed as die omies wat gewoonlik aan die roer van sake staan.)

In ons jare hier het Nieu-Seeland nou al drie vroulike eerste ministers gehad, wat saam 'n raps langer geregeer het as die opeenvolging van mans in daardie pos.

9 Januarie 1999

Eers, die huis. Gaaf, man, gaaf. Dit voel natuurlik soos 'n
vakansiehuis, maar ek dink ons sal heel goed hier kan lewe.

As die buurman stil is, is dit besonder rustig hier. Vogels in
die bome, ens. Natuurlik ook op vreemde tye soos nou (tienuur
die aand) iemand wat in die verte gras sny. Die Kiwi's is erger
oor gras sny as ek oor 'n skurwe grappie. Enige tyd. Lig of
donker, reën of droog.

Gister en vandag het ons uitgepak dat ons hop. Sover lyk
als hier en heel. Vandag het ek plugs aan goete gesit, en 'n
rak probeer verstewig vir ons loodsware mikrogolf. Dit het
my die hele dag besig gehou. Teen laatmiddag kon ek vir die
eerste keer in vyf maande my musiek hoor. Miskien hoor ek
eersdaags hoe my mikrogolf grond toe donner – hopelik nie
op 'n kind nie.

Toe ons uit Suid-Afrika weg is, het ons gewonder of dit die moeite
werd sal wees om ons meubels halfpad om die aarde saam te
vat. Dit was als die soort goed wat 'n mens in jou studentedae
bymekaarskraap, niks moois of waardevols nie. Maar daar was
enkele dinge waarvan ons nie afstand wou doen nie – 'n lig-
skerm wat Elsabé se ander hartsvriendin Gill vir ons vir ons
troue gegee het, haar ouma se Singer-naaimasjien wat jy met die
hand draai en waarmee Elsabé tot vandag toe some insit, een
riempiestoeltjie uit die Sandveld, die kinders se speelgoed . . .
Dit blyk toe as jy 'n klompie goed in 'n vraghouer sit, kan jy
omtrent maar net sowel alles verskeep, wat ons toe doen. Dit
was nie 'n volle houer nie, en ons moes dus wag dat iemand die
res vul voordat ons goed verskeep word. Vandaar die lang wag.

Dit was nogal bisar om al die bekende goed weer om ons te hê, terwyl selfs die mure waartussen hulle staan wildvreemd is – wit muurpapier met 'n geëmbosseerde patroontjie, in 'n huis van hout.

Hoe ook al, vyf maande ná ons aankoms is ons toe uiteindelik ingerig met als wat 'n mens vir jou alledaagse bestaan nodig het. Ons het net nie werk of geld nie.

11 Januarie 1999

Die laaste vier, vyf dae was kakhelsleg. Ek het vanoggend vir die eerste keer gedink as ek nou kan ruil om terug te wees daar, dan vat ek dit. Goed is net te moeilik. Anna kry veral nou baie swaar. Die arme kind is skoon oorstuur. Elsabé se brose krag wat sy begin kry het, het weer versplinter. Bernard raak meer in homself gekeer. Dit alles laat my natuurlik wonderlik voel oor my vader- en eggenootskap.

Dan is daar natuurlik nog die sien van bekende goed. Dit gee 'n nuwe dimensie aan "displacement". Ek pak vandag my boeke reg. Het darem een klein rakkie Afrikaanse en Nederlandse boeke. Dit was vir my van die moeilikste goed om te sien. Die ding om te onthou, is natuurlik dat dinge nie ophou bestaan het net omdat ek nie meer daar in SA is nie.

Ek het oor die naweek daaroor gedink en toe besef ek iets belangriks. Ek besef wat ek mis. En wat ek mis, is wat mense oral mis: Ek mis die verlede.

En hoekom mens die plek mis, het grootliks te doen daarmee dat dit is waar jou verlede afgespeel het. Ek mis ons kuiertjies in Waterkantstraat se huisie – al doen ons dit al geen jare meer nie. Ek mis die opwinding van die Afrikaanse literatuur, toe ek my uur daarin gehad het en gedink het dis belangrik. Die opwinding was seker deels dat ek gedink het ek word dalk iets wat ek voorheen net in my kop kon wees.

Ek voel baie bewus van ons almal se verlorenheid, dit wat ons vergeefs probeer besweer deur strukture van bekendheid om ons op te rig.

Omdat ek 'n Afrikaner is, het ek grootgeword met die idee dat daar iewers iets of iemand is wat tel. Wat belangrik is. Die groot meetsnoer. Hoe jy dit ook al wil noem. Dat daar iewers 'n objektiewe doel of stel waardes is. As jy dit bereik, dan het jy dit gemaak.

Wat vir my so moeilik is van grootword, is die besef dat daar nie so iets is nie. Daar is bv. geen god van literatuur wat jou kan kanoniseer nie, geen pous nie. Dieselfde geld natuurlik op alle terreine van die lewe. Daar is niemand wat vir jou kan sê "Mooi so, nou het jy gewen" nie – in elk geval nie iemand wie se oordeel absolute gewig dra nie.

Nou praat ek van eksistensiële goed (boonop wollerig in paragrawe wat min met mekaar te doen het) en eintlik is ek maar net 'n ou wat landuit getrek het.

Die behoefte om sin te vind in wat met ons gebeur, is oorweldigend. Een van my gunstelingboeke is Viktor Frankl se *Man's Search for Meaning*, waarin hy op grond van sy belewenisse in die Nazi-doodskampe 'n saak daarvoor maak dat mense geweldige lyding kan deurstaan as hulle sin daarin kan vind. Jy kan die stoflikheid transendeer deur dieper betekenis daarin te vind. So kry jou alledaagse bestaan 'n hemelse klankbaan wat jou lewensloop verryk.

In die lig hiervan sou ek graag 'n verbysterende insig wou deel wat my migrasie verhef tot iets openbarends, maar vir iets in dié lyn wag mens vergeefs. Soos die wyse manne sê: Betekenis is nie iets wat jy vind nie, jy skep dit. Myne het te doen met my gesin en die vertel van stories.

15 Januarie 1999

Die lewe keer stadig terug na normaal. Elsabé was wasgoed in ons eie wasmasjien. Ons sit by 'n tafel wat nie omdonner as jy skeef na hom kyk nie.

16 Februarie 1999

Kommer kou my derms wit. (Hoe's daai vir 'n titel?) Maar ek hou die blink kant bo, byt vas en doen al daardie dinge waarvoor die Boere glo beroemd is.

HUURLING

My voorneme was om maar die hele emigrasie op sy kop te keer as ek teen Maart 1999 nog nie werk gekry het nie, om ná sewe maande se vrugtelose gesukkel in Nieu-Seeland platsak en druip-stert terug te gaan Suid-Afrika toe en te kyk of ek nie maar weer die drade daar kan optel nie. Met nog net 'n klompie weke voor die sperdatum, kom daar uit die bloute goeie nuus: Een van die po-tensiële werkgewers met wie ek in gesprek was, het 'n pos vir my!

19 Februarie 1999
Oor die werk: Die agentskap is Aim Direct, die grootste direkte-reklame-agentskap in NZ. Ek begin met 'n drie-maande-kontrak, waarna ons die situasie sal heroorweeg. Ek glo graag dat dit in werklikheid gaan beteken dat hulle my na drie maande meer geld gaan aanbied om aan te bly. Die geld is nou nie soveel as wat ek gedink het ek dalk sal kan kry nie. Maar ons sal al ons uitgawes vir ons huidige lewenstyl kan dek en nog iets oorhou.

Hier agter my iewers saag 'n ou dat dit bars. Ek het nou die dag gedink dis die land van die kettingsaag dié. Almal het een. Almal gebruik dit. Alles is van hout gemaak en hout is volop. Hier is nie houtboorkewers in NZ nie, en dis een van die redes waarom hulle so befoeterd is oor mense wat goed die land inbring. Hulle is bang vir kewers.

Hier's nuus vir Springbok-ondersteuners: Rugby kom hoogstens derde in die harte van Nieu-Seelandse mans.

Padwerke is gewilder. As daar 'n pad is wat langer as 'n paar weke laas opgekap is, kan jy maar weet môre kom die lorries, die lugdrukbore en die laaigrawe. Dan kap hulle hom op om pype te lê. Volgende keer is dit kabels en dan sit hulle spoedwalle op en dan teer hulle weer die hele ding. En as alles klaar is, begin hulle weer van voor af.

Maar nog gewilder as padwerke is kettingsae. Kiwi-mans aanbid die Stihl, die Makita, die DeWalt – petrol, elektries of koordloos. As daar 'n boom is wat gesaag kan word, is daar 'n leë sitplek langs die rugbyveld of voor die TV, en 'n helse geraas iewers anders. Die boom moet af.

Vir my as Suid-Afrikaanse aankomeling was dit onverstaanbaar om Nieu-Seelandse plaashuise te sien sonder bome rondom. Maar natuurlik, die mense soek son. En as jy in 'n land bly wat immer neig om weer woud te raak, dan moet jy woeker om bome in toom te hou.

Kiwi's se beheptheid met kettingsae is iets waarmee ek jare later gekonfronteer sou word op 'n manier wat my nerwe rou geskaaf het. Luister nou net na hierdie gedoente:

Dis Covid en die grens word gesluit. My afgetrede buurman Norm kan dus nie soos ander winters na Australië se sonskyn uitwyk nie. Erger nog, ons mag net die huis verlaat om in die buurt te wandel vir oefening. En met dié raak Norm verveeld . . . Sy gedagtes dwaal en hy onthou . . . Wat was daai girl se naam nou weer? Makita?

Raait, daar kom sy uit die stoorkamer, word vol petrol gemaak en opgestart.

Nou wil Norm saag.

En wat kan Norm saag? Daar is nog een groot boom oor in sy

tuin, die een neffens ons heining. Ek skat hy is so twintig meter hoog. Dis nie 'n boompie nie. Sal 'n berg brandhout oplewer.

Eers klouter Norm in die boom en saag die sytakke af. Dan die top en dan stuk-stuk laer en laer. Tot dit gelyk met die grond is. En toe trek hy ééers los, want nou moet daardie hele boom se stompe brandhout gemaak word, stukkies van so dertig by tien by tien sentimeter. Van die môre tot die aand saag Norm. Hy werk seker so twee, drie meter van ons huis af, veel verder as van sy eie huis af op die volgende bult.

Woer-woer-woer-woerrrrr!

Jy kan nie gewoond raak aan die geluid nie, hy rev daai masjien die hele tyd wanneer die tande nie in die hout is nie, en as dit in die hout is, dan skreeu dit behoorlik. Splinters spat.

Nou sit ons met net 'n plankmuur en ruite tussen ons en die geraas. Norm saag, en ons sit langsaan, ingeperk. Ons mag nêrens heen vlug nie. Elders dreig die kiem, hier saag die geraas jou senuwees. Ons probeer oorpluisies, kopfone, harde musiek, rustige musiek, alles waaraan ons kan dink. Daai saag sny deur als. Ek vind dat ek al hoe uitspattiger planne beraam om die saag of die saer te saboteer. Of dalk sal dit help as ons huismense mekaar te lyf gaan. Iewers moet daar uitkoms wees.

En toe, op 'n dag, raak die saag stil.

Dis so stil dat jy jou ore spits. Daar is nie eens verkeer nie. Mense is ingeperk en niemand ry rond nie. Jy kan jou hart hoor klop. Salig lot. Ons huismense kyk mekaar verwonderd aan. Daar is betowering in die lug.

Ka-twak! hoor ons. Ka-twak! Ka-twak!

Dit kom van Norm se kant af. Ons loer deur die venster. Hy het 'n byl, en begin die oorgeblewe stomp in die grond fyn te kap. Ka-twak! Ka-twak!

25 Februarie 1999

Elsabé quote in die laaste maand of wat vir my Emily Dickinson: "This is the hour of lead, remembered if outlived."

Môre ry ons na die Coromandel-skiereiland toe. Dis nou ons treat vir onsself voor ek begin werk.

Op ons eerste besoek aan Suid-Afrika vra my oom: "Het jy darem 'n kar daar?"

Ek snap nie die rede vir die vraag nie, maar sê maar ja.

"Maar hoekom het jy een nodig? Dis dan so 'n klein ou landjie."

Honou. Die wêreldkaart bewys Nieu-Seeland geen gunste nie. Enigiets lyk klein langs Australië. Van suid na noord in Nieu-Seeland ry jy so ver as van Kaapstad na Beitbrug. Hy is egter smal, nêrens meer as 400 kilometer breed nie, en beslaan net onder 'n kwart van Suid-Afrika se oppervlak. Nieu-Seeland se bevolking is minder as 'n tiende van Suid-Afrika s'n. Omtrent 'n derde van hulle woon in Auckland. Die res van die land is redelik leeg.

En Nieu-Seeland lê ook nie in Antarktika se skoot nie. Die meeste wêreldkaarte trek die ewenaar so 'n derde van onder af, eerder as in die middel, en druk hierdie eilande na die Suidpool toe. Die Noord-eiland se noorderpunt lê gelyk met Kaapstad.

Hier is 'n interessante eksperiment: Vat 'n wêreldkaart met die ewenaar op sy regte plek. Knip met daardie lyn langs en dop die Suidelike Halfrond om dat hy naas die Noordelike lê, met die ewenaar aan die onderkant. Dan skuif jy die twee kaarte oormekaar en wonder bo wonder kom daar 'n punt waar Nieu-Seeland heel netjies op Italië pas! Die lande is ewe lank en breed en selfs ewe skeef. Hulle oorspan ekwivalente breedtegrade. Dat die sonnige Italië en koelerige Nieu-Seeland ewe ver van die ewenaar lê, is iets wat jou skoolatlas nie duidelik maak nie.

Dis koeler hier as in die land van die pous en pasta vanweë die diep, koue see rondom ons, maar ons kry net sulke sterk son as Italië. Sterker, eintlik, oor die minder stof en besoedeling, en die gat in die osoonlaag. Die son is giftig hier en jy kan beswaarlik deur 'n somer kom sonder om seer te verbrand. Om ure lank te tan is buite die kwessie. Die son brand jou gaar selfs deur die wolke. Dis iets wat geen nuwe immigrant uit Suid-Afrika wil glo nie, totdat hulle dit aan eie bas voel. Waar die son in Suid-Afrika jou soos 'n warm lap omvou, takel hy jou hier met rooi tatoeëernaalde.

1 Maart 1999

Dit vat my 'n halfuur om by die werk te kom – vinnige busrit oor die hawebrug, dan korterige stappie. Die mense het geweet ek kom. My naam was op die werkslys en ek het werk gekry om te doen. Daar was 'n tafel en stoel, pen en papier en computer vir my. Dis meer as wat by die vorige werkplek die geval was, terloops, waar ek vir 'n paar maande voor die toilet se deur gesit het. Die mense maak 'n goeie indruk op my. Ek vermoed ek is dalk die tweede oudste ou in die agentskap. Die voorsitter is grys.

Hulle het regte koffie wat mens kan gaan inskink. Jy moet self jou koppie was, of in die skottelgoedwasser pak. Hier is nie teedames nie.

Toe ek maande gelede die eerste keer by die plek was, stap ek buitentoe en ek sien nie die toe glasdeur nie en loop my des moers. Vandag noem ek dit aan iemand en toe opper almal staaltjies van mense wat al dieselfde oorgekom het. Fokkers dink dis snaaks.

Aim Direct was my eerste formele werkservaring in Nieu-Seeland. Die ander werkplekke waarna ek verwys, het te doen met kere wat ek in kliënte se kantore sit vir die ure wat ek aan iets vir hulle werk. Een van die goed wat my by Aim geweldig opgeval het, is hoe die vrouens aantrek vir werk: in swart. Ek was eenkeer by 'n vergadering waar daar agttien vroue was – sewentien in swart geklee, meestal in pakkies met baadjie en langbroek, en die ander een in donkerbruin. Die spesifieke bedryf speel moontlik 'n rol. Nogtans het hierdie indruk my nog steeds nie heeltemal verlaat nie, ná baie jare hier en in verskillende bedrywe. Helder uitrustings bly 'n uitsondering. Fleurige blomrokke sien jy nie eintlik nie.

Selfs as die jong meisies saans uitgaan, is die little black dress die standaarduitrusting. En as ek sê *little*, bedoel ek dit. 'n Besoeker uit Suid-Afrika het opgemerk dat die meisies hier min aan die verbeelding oorlaat, soos die uitdrukking dit het.

Noudat ek daaraan dink: Kiwi's is oor die algemeen mal oor swart klere. Soms dra hulle dit om te wys hulle ondersteun die All Blacks, ander kere wil hulle maar net seker maak dat niemand hulle van ligsinnigheid verdink nie.

8 Maart 1999

Ons het verlede week twee hasies in ontvangs geneem vir die kinders, maar dit was 'n moerse fout. Die kinders en die hasies hou nie van mekaar nie. Anna loop rond en sê aanhoudend sy wil 'n katjie hê. Bernard bedel om 'n hond. Wees dus maar op die uitkyk vir Zirk se Zoo.

Iets oor die mense by die werk: Van die goed is bar. Daar is 'n jong meisie, so 25, wat lyk of botter nie in haar mond sal smelt nie. Vrydagmiddag sit sy daar en almal maak aanmerkings oor die bruin vlek op haar rok, hier aan die buitekant van haar dy.

114

Die immer glimlaggende vet Joodse vrou kyk daarna en vra: "Did you stick your finger in your arsehole and wipe it on your dress?"

Die jong meisie lyk verontwaardig. "I *always* wash my finger after I stick it in my arsehole."

Annerlike goed, die Kiwi's.

Hierdie kru humor, sou ek later agterkom, het meer met die spesifieke bedryf of werkplek te doen as met die breë bevolking. Ek het dit nie by ander werkplekke teëgekom nie.

Kiwi's is seker van alle volke nie te doodver van wit Suid-Afrikaners af nie, maar tog in sekere opsigte opvallend anders. Die land is hoofsaaklik deur Skotte beset, 'n Calvinistiese klomp wat glo jy byt vas en wys nie emosies nie. Australië, daarenteen, se setlaars was grootliks Iere, wat paartie kan hou. Ondanks die groot intog van immigrante in albei lande, het iets van die oorspronklike aard behoue gebly, lyk dit my. Die Australiese kultuur is natuurlik ook verryk deur Duitsers in Suid-Australië en Grieke en Italianers in Victoria. Melbourne is die wêreld se derde grootste Griekse stad, en met my besoeke daar kon ek die Mediterreense gees in die stad se strate aanvoel.

Die wit Kiwi's – Pakehas is hier die term – neig om stroef te wees. Daar is humor, soos enigiemand sal weet wat al na *Flight of the Conchords* of een van Taika Waititi se flieks gekyk het. Dis net anders as wat ons in Afrikaans ken. Een van die land se eerste ministers, wat bekend was vir sy gladde bek, het by geleentheid van 'n politieke teenstander gesê: "Deep down, he is really shallow." Maar in al my jare hier het geen Kiwi nog vir my 'n grap vertel nie. Ek mis stories van die twee ouens wat by die bar inloop en toe . . . Jy hoor dit eenvoudig nie.

Die naaste ding aan 'n grap was 'n wynskrywer wat vir my gevra het wat noem jy drie Belgiese bierdrinkers wat saam in die bed kafoefel . . .? 'n Ménage Artois!

Die Pakehas is snoep daarmee om hul emosies te wys. Toe die kinders in die laerskool was, het ek opgemerk dat as jy iemand sien wat sy kind se hand of skouer vashou, jy maar kan weet dis 'n immigrant.

Aan die ander kant is die Kiwi's dorings in 'n krisis. Hulle staan saam en help mekaar.

Nou moet ek ook sê dat Auckland eintlik anders is as die res van die land. 'n Latere kollega van my het van Stewart-eiland gekom, 'n ylbewoonde plek suid van die Suid-eiland. Daar sluit die mense glo nie hulle deure nie, vir ingeval die bure dalk iets wil kom leen! Ons vriendin wat van die Suid-eiland kom, kom nooit hier aan sonder dat sy ons met geskenke oorlaai nie – dis blomme en blom-kool, bolle om te plant en pasteitjies wat sy gebak het.

Die koms van derduisende mense uit die Stille Oseaan-eilande het 'n groot invloed op Nieu-Seeland. Byna nege persent van die bevolking is Eilanders. My indruk is dat hulle kerk toe gaan, paar-tie hou en rugby speel. Saggeaarde mense met groot gesigte en groot lywe.

Die Maori's is 'n tawwer klomp, as ek nou woes kan veralge-meen. Daar is by party 'n element van verontregting, en hier loop nou nog 'n paar mense rond wat sê hulle erken nie die land se regering nie, want dis hulle land wat afgevat is. Die tronke sit vol Maori's, wat 'n kwessie is waaroor mense hier debatteer. Hulle maak 'n raps minder as agttien persent van die totale bevolking uit, maar meer as die helfte van die mans in die tronk en twee derdes van die vroue is Maori's. Hier is groot motorfiets- en ander bendes waarin 'n sekere tipe Maori veral 'n tuiste vind. Dis nou naas die

talle Maori's wat jy in die kantoor en akademie en besigheid teë-
kom.

Omdat hier nie apartheid was nie, het die lyn tussen Pakeha en
Maori metterjare onmerkbaar dof geraak. Tot so 'n mate dat jy
hier op die Maori-kiesersrol kan kom deur bloot te verklaar dat
jy jouself as Maori beskou. (Ses van die parlement se 120 setels is
uitsluitlik opsy gesit vir Maori's, buiten enige wat in die algemene
verkiesing inkom. Elk van die groter partye het 'n paar Maori-
parlementslede.)

Rassepolitiek word immer in die parlement en media bespreek,
maar speel sover ek kan agterkom nie juis 'n beduidende rol in
die alledaagse lewe nie. Almal foeter maar op hul eie manier aan,
woon en werk rustig saam.

Van Elsabé – 10 Maart 1999

Ek is nogal sprakeloos deesdae. Ek dink dis oor ek so vaskyk in
myself en wonder hoe loop my lewe nou verder. Ek ondersoek
verskeie moontlikhede. Miskien begin ek 'n pottery studio in
'n garage iewers en neem 'n paar studente in.

Verder het ek begin tuin maak. Ek moet gewoond raak om
in hierdie kleurlose lig buite te werk. Ek kyk verlangend na
die goue lig in my tuin in Mowbray op foto's. Dit help om
uit die stad te ry, die heuwels in. 'n Soort hoopvolle landskap,
mens kan daar visioene sien van 'n betekenisvolle lewe.

Ons kindertjies is mooi en oulik en sweet en slim en alles
van daai. Bernard kom laat eers by die huis, na drie in die
middag. Hy het alreeds 'n lewe apart van my. Ek hoop maar
dat die basics orraait was en dat hy goeie keuses van sy eie sal
maak. Partykeer voel ek regtig na 'n fokop van 'n ma, maar
ek probeer hard om nie een te wees nie, dit moet ek darem sê.

Ou Annatjie steel my hart dag na dag opnuut. Die "swart huis" het die "wit huis" geword vandat sy minder uitgefreak is in die nuwe blyplek. Sy is weer meer haar ou self, met hartsgelukkigheid wat haar laat hop.

11 Maart 1999

Die weer was vandag goed hier. Ek het lunchtyd my toebroodjie gaan eet in die park naby my werk. Eintlik sportvelde met bome rondom. Vanmiddag was ek kwart voor ses by die huis, toe kyk ek so op en sê kom ons braai. Wat ons toe doen. Ek het ons enigste blikkie bier uitgedrink.

Vanaand is dit so helder dat ek vir die eerste keer hier die Melkweg kan sien. Dis 'n ontsettende gedagte (in die ware sin van die woord) om hier dieselfde sterre te sien as daar. Tom Waits en Neil Diamond het albei daaroor gesing. Bes moontlik het Uys Krige 'n gedig daaroor. (Klink soos iets in sy kraal.)

(Ek is – soos jy weet – 'n bok vir parentese.)

My skryfvermoë is blykbaar verdag, as ek een van my kollegas se optrede korrek interpreteer. Dis natuurlik een van die swaar goed van enige nuwe werk, dat jy jou spore as't ware van voor af moet verdien. My eerste stuk advertensiewerk in NZ het vandag die lig gesien.

Voor ek afsluit, wil ek net iets sê van die donnerse hase. Ek kon dit nie verduur dat hulle so in hul hokke sit en snuif en my met hul rooi oge aankyk nie. Toe dog ek: kom ons laat hulle uitkom. Next thing kruip hulle onder die huis in (wat op stelte staan met so 'n hout-skirtjie rondom). Ek kan hulle nie daar uitkry nie, en weet nie of hulle self kan uitkom nie. Intussen is die buurt se katte baie opgewonde. Ek moet gereeld een verwilder. Die bure se Rottweiler pis homself bietjies-bietjies nat oor die vooruitsig van haasvang. Elsabé is bekommerd. Ek sê laat gods hase oor gods akker loop, al is dit dan onder my huis.

21 Maart 1999

Nou dink ek aan my kinders se onvermoë om "r" te sê. Hulle maak albei diverse geluide, maar nie "r" nie. Nou die aand moet ek vir hulle 'n storie vertel, en ek noem 'n paar opsies waaruit hulle kan kies, onder meer *Die drie rammetjies rof*. Toe kies Bernard "die hammetjies hof" en Anna "die jamme-tjies jof".

In hierdie stadium was Bernard nog 'n paar maande van sewe af, en Anna so twee-en-'n-half. Dat hy nie al die klanke kon maak nie, en boonop gestotter het, het hom nie verhinder om my soms goed op my plek te sit nie, soos uit onderstaande blyk.

28 Maart 1999

Vandag was daar 'n "barbie" by my een kollega se huis, moer ver hiervandaan, heel uit die stad uit suid. Dit was maar 'n bietjie van 'n ding. Ek is om mee te begin nie op my beste in groot geselskappe nie. As die mense boonop betreklik onbekend is en jy kom van 'n ander land, dan lol dit maar by tye.

Die naweek is daar 'n spesiale deal by ons telefoonverskaf-fer. Ek bel my pa. Hier na 'n ruk sê hy dankie vir die bel. Dis nou die ou wat altyd so aangaan dat hy so min kontak met my het. Nou vra ek jou. Laat ek nou nie gal braak oor my emosio-neel impotente, maar desnieteenstaande soms sentimentele

pa nie. Ek het maar net gedog hy sou vir hom 'n stoel nader
sleep en gesels. So kom mens maar telkens dieselfde bekende
waarhede teë. My seun wil nie met hom praat nie. En ek
neem hom nie kwalik nie, want sy oupa luister nie.

Genoeg daarvan. Kom ek vertel jou wat sê Bernard vandag
vir my. Ons skop 'n bal en hy trek oor die skool se halflyf-
heining. Ek tel vir Bernard oor en weer terug. Die volgende
keer sê hy ek moet nou 'n slag die bal gaan haal. Ek is bang
die draad haak my hemp en hy stel voor ek gaan klim 'n ent
verder by die hek oor. Daar steek ek weer vas en bekyk die
storie. Te lank na sy sin. Hy skree vir my: "Jy's banggat."
Toe kom hy verbete hek toe en las by: "Laat ek jou wys hoe
'n man dit doen." En daar klim hy oor die hek.

Dit vat klaarblyklik veel om mans genoeg te wees vir vaderskap.

Om hase te besit, is eweneens nie maklik nie. Gister het
een op 'n manier sy weg gevind voortuin toe. Toevallig besluit
die buurman terselfdertyd sy Rottweiler moet bietjie oefe-
ning kry . . . Laat ek maar net sê die hond het oefening gekry,
en opwinding ook, en 'n smaaklike happie boonop. Hier sit
ek dus nou met minder hase. (Maar nie meer spoed nie, al sê
die spreekwoord ook wat.)

Vanaand loop Anna in die tuin en roep "Whitey! Whitey!"
en ek moet myself herinner dat die donnerse haas 'n simpel
troeteldier was wat vir mens weghol en nie vertroetel wil
word nie. 'n Blerrie wille dier wat ongelukkig bedrieglik snoesig
lyk. Sy agtergeblewe boetie se lot hang steeds in die weegskaal.
Dink jy ek moet hom ook vir die Rottweiler gooi?

Nuus in reële terme is daar nie eintlik nie. Ek voel maar
my pad vorentoe by die werk. Dit sal nog tyd vat voordat ek
my credibility gevestig het.

31 Maart 1999

Maandag het ons 'n vergadering by die werk. Ek dog dit gaan oor personeelaankondigings. Toe is dit 'n bitch-sessie. Ek het 'n belangrike saak om oor te kla, maar bly maar stil, want ek het nie my woorde agtermekaar nie. Almal is vreeslik beleefd en praat wollerig rondom die kwessie wat krap. 'n Kollega por my aan. En daar gaan maak ek toe die punt kaalkop op 'n wyse wat blykbaar sommige van my kollegas geaffronteer het. Dus is ek toe maar vanoggend by my baas in om vir haar te gaan sê dis nie wat ek bedoel het nie. Lyk my sy aanvaar dit darem so – en sy het die insig om te weet dat ek die gesprek op die kernkwessie gefokus het.

Ek het 'n idee dis 'n ding van die kultuur hier dat goed so beleefd en demokraties gedoen word dat niemand op die ou end enigiets verstaan of tot enige aksie oorgaan nie. Daar is iets te sê vir die Boere se daadkragtige manier van doen.

Nogal 'n dilemma vir my dat ek aan die een kant so afhanklik van die mense om my is om my kontrak te hernieu, maar aan die ander voel ek ek is oud en gesout genoeg om nou maar te sê wat ek wil sê en doen wat ek wil doen sonder om my te veel oor my gewildheid te worry.

Ewenwel, so bly ek maar in my eie vertellings die held, terwyl die getuienis straks aandui ek is 'n voldonge doos.

As jy in Nieu-Seeland wil werk, moet jy as Suid-Afrikaner leer hoe kommunikasie hier werk. In Suid-Afrika sal die baas vir jou sê: "Vat hierdie stoel en sit hom daar." In Nieu-Seeland sê die baas iets soos: "Hierdie stoel . . . ek wonder . . . sou dit nie dalk beter gewees het as hy eerder daar oorkant iewers rond was nie? Of hoe sê jy? Moet ons een van die ander mense vra wat hulle dink?"

Dan moet jy weet jy moet nou daai stoel skuif.

Dis 'n manier wat ek moes leer verstaan, en ek moes ook leer om self minder aanstootlik oor te kom. By 'n plek waar ek later gewerk het, het die grafiese ontwerpers gekla dat ek hulle voorsê wat om te doen. Ek moes toe gaan verduidelik daar is twee goed ter sprake: Een is my aksent. Dit klink aggressief. (Ek het iewers gehoor leeutemmers het graag Duits gepraat met die leeus – nie omdat die leeus, selfs dié uit die ou Duitse kolonie Tanganjika, Duits verstaan nie, maar omdat die taal daadkragtig klink.) Afrikaans het ook iets daarvan, dat die taal vir ander ore kwaai klink. Die ander faktor is kultureel. Ek verduidelik toe vir die ontwerpers my manier is die teenoorgestelde van wat hulle ken. Hulle is gewoond om 'n suggestie as 'n bevel te interpreteer, terwyl my "bevele" bloot voorstelle is – probeer dit so, en as jy dink dit werk nie, berus ek by jou besluit. Daarna het ons jare lank lekker saamgewerk.

11 April 1999

Vandag timmer ek 'n boekrak aanmekaar en ek sê vir my handlanger, Bernard: "As oom André sien wat ek hier doen, skyt hy in sy broek."

Wat gebeur het, is die buurman het vir hom 'n dek gebou. Toe gooi hy die offcuts op 'n hoop en sê vir Bernard hy kan maar enige stukke vat as hy wil. Gister loop ek by die hoop verby en ek sien hier lê gawe stukke hout. Dekplanke en sulke dik balke, maar redelik glad afgewerk, en net daar kry ek 'n idee. Ek maak bymekaar wat bruikbaar lyk en begin meet en pas.

Toe begin ek planne kry om die ding aanmekaar te sit. Ek dink skroewe, dowels en later selfs voeë. Maar Elsabé dink dit gaan in elk geval soos stront lyk, ek kan maar net sowel spykers

inkap. Toe dog ek ook ja. En ek moer die ding met spykers aan-
mekaar. Uiteinde van die saak is ek het 4,5 m nuwe rakspasie,
en vanaand slaap nie een van my boeke meer op die grond nie.

Ter wille van die rekord moet ek meld dat ek geen DIY-doring
is nie. My vriend André is 'n houtwerker van ongelooflike ver-
nuf en presisie. As hy 'n laai bou, dan glip hy glad in en uit soos
'n spook in 'n wolk. Ek kan niks met my hande doen buiten tik
nie. Elsabé ys elke keer as iets aan die huis gedoen moet word,
want sy weet dis 'n kwessie van minute voordat ek begin vloek.
Ek het nooit die regte gereedskap nie. Dinge werk nooit uit soos
wat ek in my kop uitwerk dit moet nie. Elsabé wil my eintlik glad
nie meer toelaat om goed by die huis te doen nie, want sy reken
elke ding wat ek doen, verlaag die huis se waarde.

Terug na die e-pos:

> Gister het Elsabé 'n ekspedisie onderneem om te kyk watse
> soort en grootte oond sy vir haar pottery moet kry. Die goed
> is verskriklik duur hier en dit sou ons geloon het om een daar
> te koop voor ons daar weg is, maar dis nou natuurlik te laat.
>
> Anna begin nou vreeslik Engels te praat. "I speak Englitch,"
> sê sy. Daar dop kort-kort 'n perfekte sin uit soos: "I splash in
> de bathroom" en: "Look, der's my rabbit". Die klanke is nog
> nie almal daar nie, maar sy praat verbasend baie en ken hope
> woorde.

Een van die hartseer goed van trek as Afrikaanssprekende, is dat
jou kinders hul moedertaal verloor. Bernard was oud genoeg toe
ons gekom het en praat nou nog Afrikaans met ons. Hy het ook
as volwassene 'n ruk lank by 'n prokureursfirma gewerk waar

daar 'n paar Afrikaanssprekendes was en het sy woordeskat daar verbreed, ook in 'n paar bedenklike rigtings.

Sy Afrikaans toon egter tekens van Engels, soos in die e-pos wat ek vroeër aangehaal het, waar hy praat van " 'n sak vol *van* geld", soos in "a bag full *of* money".

Sommer kort ná ons koms het die taalverwarring al wortel geskiet. Ons was nog net 'n paar maande in Nieu-Seeland, toe vra hy my een aand wat presies is 'n "chariot". Ek dog ek doen hom 'n guns en sê as hy die Afrikaanse woord vir "chariot" ken, sal hy altyd onthou wat 'n "chariot" is, omdat die woord so beskrywend is.

"Die Afrikaanse woord is strydwa," sê ek vir hom. "Nou wat sê die woord vir jou – stryd-wa?"

Sy antwoord? "Dis 'n wa wat reguit ry."

Anna het Afrikaans aan die begin van haar skooljare rond begin versaak. Sy verstaan die taal, maar praat dit nie graag nie, omdat sy skaam is vir haar aksent. Ek mis haar Afrikaans. Na haar kindertaal het ek nou al by geleentheid hier verwys, maar daar was ander pragtige oomblikke. Nog voordat sy drie was, wys ek een aand vir haar die pienk sonsondergang, waarop sy uitroep: "Dis onderbeskryfbaar!"

Sy was van kindsbeen af bedag op taal, en was seker nog ses of so toe sy ons begin betig as ons ons tale meng. Eenkeer sê ek iets van 'n "balloon" en Anna sê ek moet sê "ballon": "Jy sê 'n Engelse woord, en dit in 'n Afrikaanse sentence."

Die feit dat hier twee tale aan huis gepraat word, skep natuurlik heerlike geleenthede vir woordspelings so van taal tot taal. Anna was byvoorbeeld op laerskool saam met 'n outjie genaamd Cullum. Toe sê Bernard die kêrel en Anna pas goed bymekaar: "Want hy is Cullum en jy is opgewonde."

Die Afrikaans wat die kinders ken, is wat ons by die huis praat. Ons ontvang nooit Afrikaanse kuiergaste nie, vandat Ryk Hattingh dood is. Maar selfs wanneer hy met sy Engelssprekende vrou kom kuier het, het ons merendeels Engels gepraat. Die gevolg was dat toe ons hele gesin op 'n kol op vakansie in Suid-Afrika was, die kinders gesukkel het om enigiemand anders se Afrikaans te verstaan.

15 April 1999

Ek en Elsabé het die naweek albei met onsself opgeskeep gevoel, neerslagtig selfs. Gister was darem beter. Ons het drie boompies geplant. Ek het die gate gegrawe – nie maklik in hierdie soliede kleigrond nie. Ons tuinvurk se een tand het daarin afgebreek! Daarvan het ek wragtig nog nie gehoor nie.

Vanoggend het ons gaan ontbyt eet in die hotel waar ons met ons aankoms gebly het. Daarna gaan stap ons toe langs die kaai af en kom af op 'n Waterfront in die kleine. Dit was 'n aangename verrassing. Vanmiddag het ek met Bernard tenpin bowling gaan speel.

Ek het ook by 'n motorhandelaar aangegaan om te kyk na 'n kar wat dom sal wees om te koop oor ek nie geld het nie, maar ek is gatvol vir ons roesende karretjie met sy probleme. Ek moet elke keer die ruit afdraai om die deur van buite oop te maak. 'n Mens kan dit natuurlik laat regmaak en ek sal seker, maar hy het nogal heelparty probleme. Dit sal seker $1 000 kos om alles op te fieks. En dan het ek nog steeds 'n kar wat eintlik te klein is.

Nog 'n ding wat ons die naweek gedoen het, is om 'n hond te gaan soek ter wille van die kermende kinders, nie vir my nie wat met al die kak gaan sit. Ek dog mens kan een verniet gaan optel by die SPCA. Maar nee, jy moet aansoek doen om "aanneming". Dan kom tjek hulle jou erf uit. Dan maak hulle die hond reg en dan betaal jy $150 en dan kry jy die hond. Hiervoor is ek nie lus nie. Maar nou het die kinders die reuk van hond gekry en hulle kerm al maande lank.

Ek dink die hond is 'n stupid idee, as jy dit nog nie agtergekom het nie. Maar ek probeer om minder teen die prikkels te skop, en probeer myself wysmaak die ekstra stront bring verruiming mee en al sulke klas nonsens wat mens nodig het om die everyday pressures of life te verwerk. Ek probeer nie eens meer beheer hou nie. Ek is soos 'n skeepskaptein wat nie in 'n rigting vaar nie, maar tevrede is solank ons net nie sink nie.

So neem ek van oomblik tot oomblik besluite, hoewel ek weet alles is tydelik en nie behoorlik na wense nie. Ek gaan voort – in wisselende mate moerig en moedig. Soos die meeste mense seker maar.

Ek probeer al hoe meer om die oomblik te geniet sonder om vir iets anders te wens. Beteken dit ek is gelukkig? Seker, ja. Maar dit is nie so omdat ek gelukkig is nie; ek is gelukkig omdat dit so is.

En beteken dit ek maak uiteindelik vrede met die oorweldigende moontlikheid van my middelmatigheid? Helaas ook, ja. Maar ek wil nog skryf. Ek sal tevrede wees om 'n middelmatige blerrie goeie skrywer te wees. Nie Hemingway, Dostojefski of André le Roux nie. Net Zirk van den Berg op sy beste.

Die storie van die hond het gelukkig op niks uitgeloop. Die huis se eienaar het vasgeskop; die hond mag nie in die huis nie en ons moes onderneem om die matte elke ses maande professioneel te laat skoonmaak. Dit gee my toe die verskoning om hokaai te roep.

Die skrywery waaroor ek mor, is iets wat my lewe lank kom. Ná twee boeke hier rondom dertig, het my werk in die reklamewese en my jong gesin en my paniek in Suid-Afrika dit vir my moeilik gemaak om iets ordentliks klaar te maak. Hier gekom, was daar die oorlewingskrisis en my gesin wat voorrang moes geniet. Selfs toe dinge eers rustiger raak, was ek later op 'n punt waar ek gedink het ek sal maar my goed skryf en as e-boeke op Amazon sit waar die wêreld hulle kan ignoreer, en dit sal nou maar dit wees. Maar toe kry ek die kans op 'n nuwe skryfloopbaan toe hulle 'n vertaling van *Nobody Dies* in Afrikaans uitgee, 'n boek wat aanvanklik in Nieu-Seeland verskyn het. *'n Ander mens* het vir my deure oopgemaak om nog van my werk uitgegee te kry, waarvoor ek baie dankbaar is. Baie mense is nie so gelukkig nie.

Een van die gevolge van ons migrasie was dat die onderbreking in my skryfloopbaan seker langer was as wat dit andersins sou gewees het. Tussen *Wydsbeen* en *'n Ander mens* het daar 21 jaar verloop. Ondanks die ander belemmeringe wat ek hierbo noem, het ek darem in die middel 1990's 'n novelle voorgelê vir publikasie – wat aanvaar is, maar waaroor ek later bedenkinge ontwikkel het, en toe onttrek ek hom. Hy het later 'n kortverhaal gebaar, "Lam man", wat in *Die nuwe Afrikaanse prosaboek* opgeneem is.

Die feit dat ek landuit is, het steeds 'n beduidende effek op my skryfwerk, naamlik dat ek huiwer om 'n eietydse boek te skryf wat afspeel in die milieu waar ek my bevind (oor dit vir lesers vreemd is) of in die milieu waar lesers hulle bevind (oor dit vir my vreemd is). Dus hou ek maar meestal by stories wat in die verlede afspeel.

Van Elsabé – 19 April 1999

Ek sukkel met ons tuin. Daar is baie werk om te doen. Z en ek het 'n ruk gelede drie pittosporumboompies geplant aan die voorkant van die huis sodat ons uitsig vanaf die kamervenster net effens minder depressing is. Maar die grond is harde klei, die muskiete val jou aan as jy buite is, die onkruid groei teen 'n ongelooflike spoed en verder is dit natuurlik nie ons eie tuin waarop ons geld bestee nie, met die gevolg dat die hele tuinmaakervaring 'n bietjie gedemp word. Maar ek raak nog steeds bly om te sien hoe rank die potato vine teen die trellis op en ruik heeltyd aan die pienk rosies wat ontydig blom.

Vandag het die skole weer begin. Ek is so bly dat Bernard die vakansie geniet het. Ek voel baiekeer asof ek hom iets skuld. Ons het baie dinge gedoen: in 'n boot in die hawe gaan ry, akwarium toe gegaan waar jy in 'n karretjie in gemaakte sneeu ry en pikkewyne om jou kan bekyk, in die warm swembad gaan swem, Lollipops toe gegaan en gistermiddag die vakansie afgesluit by Pizza Hut, waar die kinders self vir hulle kos kan gaan skep en soveel poeding kan kry as wat mens wil hê. Bernard kon verniet eet, want hy het 'n voucher gekry omdat hy goed gedoen het in lees.

20 April 1999

Kom ek vertel jou wat is swaar. (Behalwe tenkskepe en olifantballas.) Wat gebeur, is dat my foon nooit lui en dis 'n pel wat wil gesels nie. Wat waar is, is dat lunchtyd kom en ek weet dat ek kan kies tussen om saam met my kollegas te gaan eet of om alleen iets te doen. Ek kan niemand bel en sê kom ons gaan eet by Beulah met haar stil kelnerinne wat so beskuldigend

Bo: Elsabé, ek, Bernard en Anna by ons afskeidspartytjie naby Piketberg, vroeg Augustus 1998. Min het ons geweet . . .

Onder: Ek en André le Roux by dieselfde geleentheid. In die jare daarna het hy my e-posse aan hom gedruk en gebundel, en dit sodoende moontlik gemaak dat hierdie boek vars waarnemings uit ons beginjare in Nieu-Seeland kon insluit.

Bo: Die hele spannetjie vir oulaas vrolik saam met André en sy vrou, Marté, voor ons vertrek.

Onder: Elsabé en Anna voor ons eerste blyplek, wat buite sig agteraan hierdie bousel vas is. Ons het taamlik gou aan die huis ontsnap, maar die karretjie is die een waarmee ons nog jare sou sukkel.

Bo: Die binnenshuise uitkampery begin. Ontbyt by die plastiektafel in die hool waar ons die eerste klompie weke gebly het.

Onder: Die eerste paar maande het die kinders op die vloer geslaap, op geleende sponsmatrasse. Beddegoed, kinderboeke en speelgoed het per lugvrag saamgekom dat die bloedjies darem iets bekends by hulle het.

Bo: Ons tweede blyplek was ten minste nuut en skoon. Die foto wys die totaal van ons meublement in die leefarea in die laaste maande van 1998.

Regs: Piha se swart seesand was aan die begin vir ons 'n aardigheid, soos soveel ander dinge in die nuwe land.

Links: Elsabé het baie moeite gedoen dat ons ons eerste Kersfees in die vreemde met 'n boom kon vier – en darem 'n betreklik opgeruimde foto vir die familie kon stuur.

Onder: Kersfees in die park by die Auckland Domain, 1998. Een van my beste Kersdae en Elsabé se slegste.

Bo: Om die kinders besig te hou en ter wille van ons siele-heil het ons ger-eeld in die woude in die omgewing gaan stap. Hierdie paadjie is agter die huurhuis in Northcote, waar ons 'n klompie jare gebly het. *Onder:* Oplaas met ons eie meubels in die huurhuis in Northcote. Een van daardie stoele het later jare die skryfstoel in my studeer-kamer geraak.

Links: By die rekenaar wat ons lewenslyn Suid-Afrika toe was,
in 1999 of later. Dalk is ek nog besig om 'n e-pos te skryf wat in hierdie boek aangehaal word.

Bo: My eerste (en laaste!) vaste betrekking in Nieu-Seeland was by 'n wyn-maatskappy. Hier ry ek op 'n oesmasjien tydens 'n besoek aan die wingerde in Marlborough.

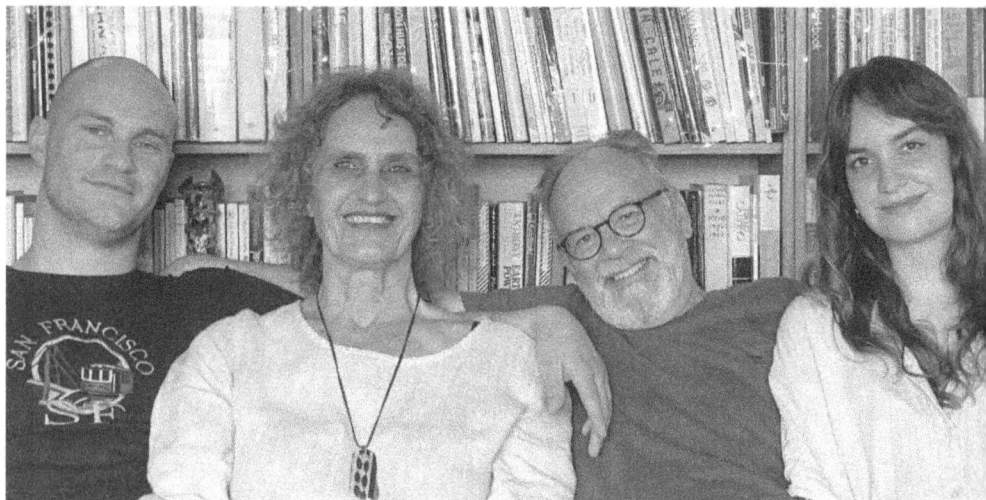

Bo: Kom ek in die Kaap, hervat ek en André ons gesprek wat in die 1980's begin het. Hier is ons in Oktober 2022. Sy vrou, Marté, het die oomblik vasgevang.

Onder: Ons het deurgetrek. Bernard, Elsabé, ek en Anna salig saam, Kersfees 2023. Dis 'n leeftyd van daardie eerste troostelose Kersfees af.

langs mens kom staan met hulle boekies en hul pense en hul oge soos dadels in custard nie, of kom ons gaan kyk die meisie by die treinplek se bene, of gaan sit in die Dias Tavern nie.

Op hierdie punt kan jy sê, soos Elsabé se een vriendin daardie dag met ons afskeid: "Maar jy wil mos, jy wil mos."

En jy sal reg wees, want ek wil mos.

21 April 1999

Ek kry 'n gedagte: 'n Mens soek na absolute waarheid, en al wat jy kry, is relatiwiteit. Of, as ek nou digterlik wil raak, rela-TV-tyd.

Nou die aand kom ek by die huis en Anna kom aangehardloop en gryp my vas en sê: "Ek is soooo bly om Pappa te sien." Vanaand dra ek haar en sy skree vir Elsie: "Mamma, ek hou van Pappa, Mamma!"

Wat in die wêreld, vra ek jou, kan daarmee kompeteer? Maar dis relatief, jy sien.

Dis hoekom mens bid ook, om die lewe in 'n ander perspektief te stel, relatief tot iets groter.

Eendag, as ek moed en tyd het, ontrafel ek nog die hele besigheid.

Nou los ek jou met 'n boodskap soos 'n bord spaghetti.

Van Elsabé – 24 April 1999

Die huis is stil en ek alleen. So voel ek al die hele week. Tog is die huis vol gediertetjies. Anna slaap, ons nuwe katjie slaap, die hasie slaap ook onder die huis. Zirkie en Bernard is nou net hier weg om rugby te gaan kyk in een of ander primitiewe rugbystadion waar die Cats en 'n NZ span vandag speel. Ek wou 'n foto neem van Z in sy SA rugbytrui en sy swart hoedjie met *PUNT* daarop geskryf. 'n Soort ongemaklike voorkoms vir hom, soos julle julle kan indink. Die hele oggend was daar lekker kinderrumoer in die huis, kinders wat met diere speel, Bernard en sy maatjie wat raas. Anna wat met Z speel terwyl ek drie plante plant en die smerige badkamer skoonmaak.

Gister het my ma tagtig jaar oud geword.

Ek luister maar so na die stories van immigrante hier. Hoe hulle gelate op die groot persoonlike events in hulle tuislande uitmis. Ek wil nie sulke stories hê om te vertel nie.

'n Mens het rituele in jou lewe nodig. As jy wegtrek van jou mense af, is daar noodwendig minder groot mylpale waarna jy genooi word. Die feit dat ek hier te lande sit, is grootliks die rede dat ek in die ouderdom van oor die sestig nog net by twee begrafnisse was – my ma s'n en Ryk Hattingh s'n. By albei was ek 'n draer. Nou is dit so dat ek sterk emosies én groepe mense vermy – ek skram weg van emosie omdat ek bang is vir die gevoel wat ek kry en verleë raak as ander dit wys – maar tussen my eie mense sou ek desondanks ingetrek geraak het by begrafnisse, troues en verjaardae. Sonder daardie mylpale kan daar 'n soort saaiheid insluip waarin jy heeltyd op jouself aangewese is. Elke goeie herinnering wat jy skep, is een wat jy self moet aanvoor.

26 April 1999

Ons het 'n kat gekry. Hopelik sjarrap almal nou 'n ruk lank oor nuwe diere. En die haas moet waai. Hy vreet Elsabé se plante op. Jy kan nie glo hoeveel 'n haas op een dag vreet nie. Hy knibbel van die môre tot die aand, en skyt verskriklik. My werf ruik soos 'n plaas.

Ek het die naweek rugby gaan kyk – die Cats teen Jonah

Lomu se manne. By 'n klein stadium soos wat jy op 'n platte-
landse dorpie in SA sou kry, so 50 km suid van Auckland. Dit
was 'n belewenis. Die mense lyk almal of hulle uit Bellville
ontsnap het. Groot ouens met jeans, snorre en bierpense.
Hulle is enige dag net so erg soos onse mense. Al wat daar
nie was nie, was silly boshoedjies, nartjies en biltong. Ek het
"Vrystaaaaat" geskree (en 'n helse indruk op Bernard gemaak),
maar ek was die enigste een.

Toe ek nog 'n tjokkertjie was, het ek al van die All Blacks geweet.
Dit was baie jare lank die enigste ding wat ek van Nieu-Seeland
geweet het. Ek het gedog almal hier speel rugby, maar die Kiwi's
se verhouding tot die sport is nie so eenvoudig nie. Dis die ge-
wildste toeskouersport, maar nie die een met die meeste deel-
nemers nie. Daar is waarskynlik meer mense wat sokker, basket-
bal en gholf speel. Dan is daar ook nog rugby league, wat party
mense weglok van ordentlike rugby af – 'n vinnige, maar op die
lange duur vervelige spel sonder 'n behoefte aan voorspelers.

Kiwi's is mal oor rugby, mits hulle wen. Toe ek in 'n kantoor
gewerk het, het ek Maandagoggende geys as die Bokke die naweek
pak gekry het. Die manne vryf dit in. Verloor die All Blacks, is dit
meteens asof rugby nie bestaan nie. 'n Sprekende voorbeeld was
tydens die Wêreldbeker in 2007. Ons het daardie tyd bure gehad
met twee seuns wat baiemaal op die grasperk rugby speel. Maar
daardie jaar verloor die All Blacks in die kwarteindstryd teen Frank-
ryk. Minute later hoor ek die bure buite, kyk ek by die venster uit
en . . . die outjies speel krieket.

Elke dan en wan berispe iemand my omdat ek nog vir die
Springbokke tjeer. Hulle sê dat ek nou in Nieu-Seeland woon en
daarom die All Blacks moet ondersteun. Eenkeer vra ek vir so 'n

ou watter provinsiale span hy ondersteun. "Canterbury!" brul hy trots. Toe vra ek hom: "En hoe lank woon jy nou al in Auckland?" Hy moes bely dit was al iets soos vyftien jaar.

Hierdie goed werk nie rasioneel nie. Ek het grootgeword met die All Blacks as die vyand en kan hulle om die dood nie ondersteun nie. Interessant genoeg voel ek veel meer geneë teenoor die Black Caps, behalwe as hulle teen die Proteas speel; in krieket was hulle nie in my kinderdae 'n gerekende vyand nie. Hierdie soort sentiment loop in werklikheid nog dieper en onverstaanbaarder as dít. Met internasionale sport steun ek baiemaal vir Nederland, waarvandaan my voorsate meer as tweehonderd jaar gelede gekom het. En tog . . . "Hup Holland!" skree ek.

Die enigste goeie ding wat van nasionalisme gesê kan word, reken ek, is dat dit spansport interessanter maak.

3 Mei 1999

Kom laat ek jou nou 'n paar goete vertel.

Eers die donderse kiln. Elsabé het een gekoop. Vrydag sê sy ons moet die ding die een of ander tyd gaan haal. Ek het 'n stil dag by die werk en die weer lyk okay. Ek sê as ons wag vir Maandag, is omstandighede dalk nie so gunstig nie, kom ons doen die ding vanmiddag. Sy sê tops.

Sy moet na Bernard se skool se saalbyeenkoms gaan, daarna gaan hy by iemand speel. Sy sal reël dat die maatjie se ma hom by 'n buurvrou kom aflaai wanneer sy na haar volgende afspraak moet gaan. Die buurvrou het self later 'n afspraak, maar dan behoort ons al by die huis te wees. Verder reël Els vir ons 'n waentjie om te huur. Die plan is ons gaan haal die kiln op 'n kleinhoewe by Ramarama, so 30 km suid van die middestad, en vat hom dan om gediens te word. Als heeltemal doenbaar.

132

Eerste ding wat verkeerd loop, is twee goed by die werk. 'n Kliënt bel met 'n helse krisis, ons moet dadelik kom vergader. Ek sê jammer, ek kan nie kom nie, want Elsabé sit in die skoolsaal en ek kan haar nie in die hande kry nie. Die ander werkding is daar kom bladproewe in wat ek dringend moet tjek, dit moet die aand gedruk word. Ek reël dat hulle dit op my tafel sal los, ek kom net na vyf terug en sal dit dan tjek.

Buite begin dit reën.

Elsabé bel my halfdrie. Sy het die waentjie en sal oor tien minute by my wees. Dis mos net so 6 km. Driekwartier later daag Elsabé by my op. Die verkeer is verskriklik. Ons ry Ramarama toe. Ek ken nie die kortste pad nie en foeter 'n ent deur die stad in die reën en soek strate met 'n waentjie sonder ligte. Uiteindelik is ons op die snelweg. Die verkeer is allerverskriklik en slakstadig.

Ons kom eers vieruur by Ramarama. Gelukkig het die mense die kiln in kleefplastiek toegedraai. Die man het 'n hystoestel op sy trekker en sit die swaar kiln daarmee op die waentjie. Hy gee my 'n tou om die ding vas te maak. Nou ry ons terug. Dit sous. Die plastiek om die kiln begin los te waai. Ek stop in die gietende reën en maak die plastiek met nog toue vas. Dan ry ons. Dis duidelik ons gaan nie die plek haal waar ons die kiln wil aflaai nie. Dus nou maar huis toe. Maar eers werk toe. Die verkeer is so swaar dat hulle op die nuus daarvan praat.

Anna ontwikkel 'n piepie. Ons stop langs die pad en sy doen haar ding. Skielik verskyn 'n poliesman langs ons. Hy verstaan van kinders, sê hy, maar ons moenie so langs die snelweg stop nie. Ewenwel, hy sal ons help om weer in die stroom te kom. Daar gaat ons. Anna verseg om in haar

stoeltjie te sit. Sy is immers nou al ure in die kar. Elsabé gaan
sit agter en hou vir Anna op haar skoot, heel onwettig. Nou
werk die verkeer so dat die blerrie poliesman en ons keer op
keer by mekaar verby kruie. Dan moet Anna op die vloer
wegkruip. Dit raak gelukkig 'n speletjie wat haar besig hou.
Intussen hou ek die sakkende petrolnaald dop. Die kar het
nie 'n petrolliggie nie en ons het al twee keer sonder petrol
gaan staan as ons gedink het ons het nog genoeg. Ek is
bekommerd. Die verkeer beweeg dodelik stadig.

Dis twintig voor ses se kant toe ek voor die werk stop. Daar
was 'n misverstand en die vrou het nie vir my die proewe
gelos om te tjek nie. Ek soek hulle. Intussen laat weet die
ontvangsdame ons buurvrou het gebel – Bernard is nooit by
haar afgelaai nie, wat nou? En sy moet nou iewers heen
gaan. Elsabé bel rond. Gelukkig is hy veilig by sy maatjie se
ma – sy het haar afspraak gekanselleer toe sy oor die nuus
hoor van die swaar verkeer.

Hier gaat ons nou uiteindelik huis toe. Dis al donker. Nou
moet ons die kiln aflaai, want die waentjie moet halfagt terug
wees en die tyd raak min. Die blerrie ding is te swaar vir ons
om te dra. Ek moet die waentjie met die kar in die carport in
manoewer. Maar nou weet jy mos agteruit ry met 'n waentjie
is 'n kuns waaraan mens lank kan oefen. Ek vorentoe en agter-
toe. Die kar ruik naderhand na brand.

Goed, daar staan die waentjie en die kiln uiteindelik onder
die afdak, skeef, maar darem. Nou kan ek en Els hom nie aflaai
nie. Ek gaan roep die buurman. Ons is nie mans genoeg nie.
Elsabé gaan roep nog 'n buurman, en sy vrou bel nog 'n buur-
man. Ons tel die kiln af. Elsabé vat die waentjie terug en dis
eers dit.

Behalwe dat die kiln nou weer myle ver gevat moet word na die mense wat hom moet diens, en dit noodwendig op 'n weeksdag, en dis heluit duur om iemand te kry om dit te doen. Maar hierdie episode volg later.

Kom ek vertel jou eers wat toe Saterdag gebeur. Ons ry na 'n woonbuurt so 40 minute se ry oos van die stad, want ons hoor dis goedkoop en mooi daar. Weliswaar mooi, maar nie goedkoop nie. Ons kom terug. Dis Saterdagmiddag so halfvyf. 'n Ent voor die hawebrug maak die kar 'n snaakse geluid en steek kop in die grond. Die enjin vrek. Ek trek van die pad af.

Omdat ek 'n man is, loer ek onder die bonnet. Die enjin is nog daar, en dis omtrent soveel as wat ek van 'n kar kan sê. Ons besluit dit sal vreeslik duur wees om iemand te kry om ons in te sleep, en boonop lê die selfoon by die huis. Ons ry dus maar oor die hawebrug. En dis 'n helse bult, een van daardie brûe wat in 'n boog gebou is. Ek sit my gevaarligte aan, sit die kar in eerste en daar trek ons. Hy brul en rook. Ons haal so 20 km/h. Gelukkig kan ek hom laat vryloop teen die afdraande, hoewel ek die petrol moet pomp of hy vrek. So kom ons by die huis.

Sondag kan ons dus nêrens gaan nie. Ek sien die kiln sal nêrens in die huis pas nie. Ek moet ingeboude kaste uitbreek om vir hom plek te maak. Maar nou is dit mos 'n huurhuis, en as ek hier uittrek, moet hy lyk soos toe ek hier ingetrek het. Dus moet ek die kassie NETJIES uithaal. Hy is lendelam, soos huise en goed maar hier is, en is in posisie gebou – dis nie 'n kas wat jy kan weghaal nie. Maar ek probeer. Die blerrie skroewe is oud en geroes en ek slyt twee van hulle se kopkepe so weg dat ek hulle nie gedraai kry nie. Ure van vloek later het ek die ding uit.

Ek is skoon moeg om jou hiervan te vertel.

My ure lange wegbly om die oond te gaan haal, het my nie ge-wild gemaak by die werk nie. Die mense het my gesoek en al wat uitkom, is ek. Watter effek dit gehad het op die sleg ding wat my later daar oorgekom het, weet ek nie, maar ek reken dit het wel sekere mense se welwillendheid jeens my verminder, waar-voor ek hulle nie kan verkwalik nie. Ek is helaas nie vry te spreek van blaam nie.

Op hierdie punt moet ek nog 'n bekentenis maak. Een van my beste pelle in Suid-Afrika sê eendag vir my ek vang meermale stront aan, dan kom ek met die buitensporigste verskonings voren-dag, eerder as om skuld te aanvaar. En hy was reg. Ek probeer om dit nie meer te doen nie, maar dit bly maar 'n nare neiging wat ek het om blaam te deflekteer. Straks merk jy voorbeelde daarvan in hierdie boek.

3 Mei 1999

Ek het vir jou 'n lang relaas gestuur van my kar en my kiln. Maar ek het vergeet om te sê van die spinnekop.

Toe Elsie die dag na die kiln gaan kyk het, byt iets haar. Goed byt mens baie hier. Nie slange of leeus nie, maar klein, kriewelrige goete. Dis nie snaaks toe sy sien sy is gebyt nie, hoewel dit blerrie seer is.

Die volgende dag is haar voet rooi en opgeswel en jeukerig. By haar enkel is 'n moerse blaas. 'n Aaklige ding, en dis asof hy verskillende lae het. Saterdag gaan sy kliniek toe. 'n White-tailed spider het haar gebyt. Die verpleegster sê "Yuck" toe sy dit sien. Elsie moet antibiotika kry en 'n verband op die voet.

Ons lewe 'n interessante lewe hier, dink jy nie?

Die white-tailed spider kom van Australië af, maar dis nie asof Nieu-Seeland nodig het om goggos in te voer nie. Die land wemel van die goed. Die weta is 'n kriekerige ding wat tot 10 cm lank kan word. Van hulle het ek gelukkig nog net kleineres teëgekom. In die somer kan ek by my venster uitkyk en gemiddeld drie pragtige groen sonbesies op die balkonrelings sien. Somerdae begin voordag met hulle metaalagtige geskril – eers 'n voorbok, en binne minute sluit honderde maters aan. Die klank kom soos 'n golf en bereik 'n crescendo wat tot 'n uur of twee ná donker gaan aanhou. Kakkerlakke in die huis maak gereeld dat my mede-bewoners beangs skree, en dan moet ek voorgee dat ek dapper is. En spinnekoppe. Hier waar ek sit en tik, sien ek twee. Jy lewe maar so saam met hulle as jy nie te veel gril nie.

Anderdag vertel Bernard my hy het 'n moerse spinnekop in die bad gesien. Ons badkamervenster kyk uit op 'n bos en die venster moet oopstaan, anders muf als. Verdwaalde goggos kom soms in.

Sedert sy tienerjare is Bernard groot en sterk, maar selfs hier dig-by dertig gril hy nog vir goggas. Dié keer is hy egter alleen tuis en kan nie om hulp roep nie. Hy gaan soek dus desnoods 'n wapen om die spinnekop mee te vermorsel, 'n skoen of 'n koevoet of 'n ding. Maar toe hy gewapen terugkom, is die spinnekop skoonveld. Bernard kyk hier, hy kyk daar, maar vind geen spoor van die agt-pootding nie. Dan is die gedierte seker in die uitloopgaatjie af, besluit hy en draai die kraan oop om dit weg te spoel.

Fast-forward na daardie aand toe. Ek lê salig in die bad, weer-loos soos 'n sopbeen. Stoom trek stadig plafon toe. Sommerso met die toon skuif ek die waslap van die bad se rand af water toe. En net daar spring die spinnekop uit! Hy maak 'n waterlanding veels te na aan wat my ma 'n mens se "benoude dele" genoem het. En benoud is ek. Ek gil.

Elsabé bars die badkamer binne. Sy dog dalk is dit weer beroerte of 'n ander lewensgevaarlike ding. (My vorige badkamerkrisis was van mediese aard.) Maar nee, dis net 'n spinnekop wat tussen my dye spartel. Die Van Helsdingen met wie ek getrou het, raap hom bakhand op en daar trek die spinnekop deur die venster, terug bos toe.

Saam met die verligting kom die verleentheid. Ek vang haar oog en wéét wat sy dink. Ná meer as dertig jaar saam met iemand kan jy gedagtes lees. Sy dink aan die padda.

Dié storie het in die Kaap al gebeur, maar ek vertel hom nietemin.

Bernard was toe nog net 'n bult in haar maag, hoewel reeds groter as wat mens sou raai met so 'n liggewig vir 'n pa. Elsabé raak so vinnig groter dat haar kop nie kan byhou nie, sy weet nie waar haar einders is nie, en verbrand telkens haar maag op die stoofplaat, daar sit sulke rooi riwwe.

Die swangerskap bring sy kwale. Haar voete is seer en sy het iemand nodig om hulle te vryf. Dis nie 'n onrealistiese verwagting nie, behalwe . . . sy is met my getroud en my hande staan verkeerd vir als. As dinge te erg raak, gaan lê Elsabé maar noodgedwonge in 'n warm bad, voete omhoog.

Soos voorheen vermeld, het ons soos talle jong paartjies met 'n hond begin, een aangeskaf voordat ons die moed gehad het om 'n nuwe mens te versorg. Op 'n dag stap ek en Knoef 'n paar blokke ver, dan kruis en dwars oor die meent in Rondebosch, die Common. In die reëntyd verander groot dele van die oop veld in 'n vlei. Modder en gras, selfs reiers. Amper soos Huppelkind se wêreld, maar ek trippel-trappel nie oor die plassies nie, ek ploeter. My sokkies en skoene is sopnat, my broekspype onderlangs ook. Hulle flap soos nat sakke om my enkels.

Terug by die huis gekom, hoor ek Elsabé is in die bad. Ek gee die hond vars water en loer dan in om hallo te sê. Ek staan langs

die bad, sy lê met haar hakke langs die kraan. Hoe was die stap?
Nee, heel lekker.

Die volgende oomblik spring daar 'n padda uit my broekspyp.

Ek sweer. 'n Padda. Hy moes seker heeltyd op my skoen gesit
het, knus in die wye broekspyp. In ieder geval, 'n mens verwag nie
dat 'n padda uit jou broekspyp sal spring nie. Ek is lam geskrik,
skree eers fyntjies en gaan dan supersonies, staan doodstil met 'n
oopgesperde bek.

Elsabé kyk oor die bad se rand en sien die amfibiër op die teël-
vloer. Sy kliek haar wederhelf is nie op 'n plek in sy lewe waar jy
op hom kan reken om tot aksie oor te gaan nie. Dís die man met
wie sy getrou het, die toekomstige vader van haar kinders.

Dus klim die swaarswanger vrou uit die bad, druipnat en kaal-
gat, tel die padda op en moer hom by die venster uit. Terwyl man-
lief in sy broek staan en bewe.

Dis nou die klas ou agter wie aan sy Nieu-Seeland toe getou het.

9 Mei 1999

Baie goed hier kom van elders. Ons almal dra klere uit China.
Elsie se nuwe skoene kom uit Fidji. Ons een boks ontbytpap
kom uit Korea, die piesangs uit Ecuador. Die blik koekies uit
Denemarke.

My kar se cam belt was toe die probleem. So $1 000 later en
hy ry nou lekkerder as ooit. Maar ek sal hom moet verkoop.
My garageman sê goed gaan nou al hoe meer begin breek aan
die kar. Sodra ek weet dat my job 'n heeltydse betrekking is,
sal ek plan maak.

Ek skryf nou oor dit en dat, maar voel daar is goed wat
ek wens ek kan weet om te sê. Miskien het hier hoop begin
opvlam, maar ek weet nie op wat nie, en dit maak my moroos.

Die haas, terloops, is uiteindelik weg hier. Ons het hom
gratis geadverteer. Maar toe moet ek hom vang en in sy hok
sit dat mense hom kan kom optel. Dit het my die beste deel
van Saterdag gevat om die blerrie ding in die hande te kry.
Die storie dat jy agter 'n bossie sit en 'n geluid soos 'n kopkool
maak as jy 'n haas wil vang, werk nie.

Die ding dat soveel goed uit ander lande kom, is dalk net vir
my vreemd omdat ek grootgeword het in 'n land waarvan die
buitelandse handel aan bande gelê is. Of dalk vervul 'n groter
ekonomie soos Suid-Afrika bloot meer van sy eie behoeftes as
Nieu-Seeland. Hier kweek hulle kiwivrugte (natuurlik, hoewel
die vrug oorspronklik uit China kom), appels, pere en heerlike
groenmielies. Baie van ons vrugte kom van Australië, die pie-
sangs meermale van plekke soos Ecuador of Venezuela, die pyn-
appels van die Filippyne, tafeldruiwe van Australië of Kalifornië.
(Hier kweek hulle uitsluitlik wyndruiwe.) Op my kombuistafel
staan 'n botteltjie pienk sout wat sê die inhoud kom van Paki-
stan en dis in Suid-Afrika verpak. Hoekom die sout so 'n helse
draai moet loop om hier te kom, weet ek nie.

My voorouers kom uit Holland, maar ek is in Suid-Afrika ver-
pak. Hoekom ek so 'n helse draai moes loop . . .

Die ou wat die haas kom oplaai het, het gelyk of hy uit Tiervlei
kom, via Roemenië. Hy het in 'n lorrie gery met 'n houthuis op
die bak gebou – 'n selfgeboude karavaan wat lyk na die huisie
waarin Baba-Jaga in die *Kinderensiklopedie* gewoon het. Dit het
selfs 'n stoepie aan die agterkant. Nieu-Seeland het 'n onderstro-
ming van dropouts wat volgens hul eie reëls lewe: strandlopers
wat ambergrys optel vir 'n lewe (die kosbare walviskots wat vir
parfuum gebruik word); ouens wat deel is van kultusse of in kom-

munes woon; 'n paar straatmense wat dit grootliks uit vrye keuse of weens dwelmverslawing doen, want die staat sal blyplek gee as hulle dit wil hê. Die kêrel wat die haas kom oplaai, het gesê hy is 'n gypsy, hy en sy vrou dwaal so van plek tot plek. Eers nadat hy daar weg is, het ek begin wonder waar hy daai haas gaan aanhou. My raaiskoot is die dier het daardie aand in 'n pot geprut.

28 Mei 1999

Hier in NZ is nou 'n dooie polisieman. Hy is gister doodgemaak. Gisteraand se nuus het grootliks hieroor gegaan. Daar is met geskokte mense in die gemeenskap gepraat. Met die skoolhoof op die betrokke dorp. Met die polisie wat die saak ondersoek. Met die girlfriend van die vorige polisieman wat hier vermoor is, drie jaar of so gelede. Toe skakel hulle oor parlement toe, en wys hoe al die onderskeie partyleiers hulde bring en hulle skok uitspreek. Toe hou die parlement 'n minuut van stilte.

Toe dink ek so by myselwers: As die SA parlement 'n minuut van stilte moet hou vir elke poliesman wat in SA vermoor word, kan hulle maar die middag afvat. Want net daardie aand lees ek in *Time* die totaal vir die afgelope vyf jaar is 'n duisend dooie poliesmanne.

Die polisie in Nieu-Seeland is anders. Dit kom ek eendag agter toe Elsabé se niggie uit Suid-Afrika by ons bly terwyl sy hier studeer. Een aand kort ná haar aankoms paartie sy in die stad en vat die verkeerde bus huis toe. Jong mense kan dit doen hier – met die bus stad toe gaan om te paartie, nie noodwendig om verkeerde busse te vat nie. Hoe ook al, toe sy afklim, weet sy nie waar sy is nie. Sy staan langs die straat. Hier stop 'n kar vol jong mans langs haar en knoop 'n gesprek aan. Die volgende oomblik stop 'n polisiekar agter hulle en die jong manne laat spat. Die polisie vra vir die meisie wat gaan aan. Sy vertel hulle sy het verdwaal. Hulle sê nou maar klim in, dan vat ons jou huis toe. Sy vra vreeslik om verskoning dat hulle nou hulle tyd so moet mors. Die polisieman sê maar dit is juis wat hulle werk is, om mense veilig te hou.

Deesdae weet ek veel meer van die polisie as vroeër.

Op skool het Bernard in classics en sulke goed belang gestel. Toe dit kom by universiteit toe gaan, praat hy van filosofie en so aan. Omdat ek self 'n totaal nuttelose graad het, sit ek en Elsabé aan hom om eerder iets nuttigs soos regte te swot. Wat hy toe doen. Maar ná 'n jaar of twee as prokureur kom hy hier aan en sê hy haat sy job, hy wil liewer 'n polisieman word. Ek respekteer hom daarvoor dat hy dit kon doen, terwyl hy weet sy ouers sou die horries kry. Dis nie wat ons vir ons bloedjie in die vooruitsig gestel het nie. Hoe ook al, hy is hier weg polisiekollege toe en is nou al vir 'n hele klompie jaar konstabel en is mal oor sy werk.

Hy vertel dat byna al sy kollegas sê hulle het die beroep gekies omdat hulle graag mense wil help. Die helfte van die konstabels in Nieu-Seeland is gegradueerd, en die hoër range nog meer. Die polisie verkies om nie mense jonger as 25 aan te stel nie, dat hulle eers bietjie lewenservaring het. Hulle dra nie vuurwapens nie. Dié word in die kar toegesluit en net by hoë uitsondering uitgehaal.

Baie van sy werk het daarmee te doen om te keer dat mense hul eie lewe neem. Soos sy ma en suster, is Bernard uitstekend daarmee om met mense in 'n krisis te praat. 'n Ruk gelede vat hy 'n meisie hospitaal toe wat haarself om die lewe wou bring. Hulle gesels 'n ruk. Hy vra haar oor haar toekomsplanne. Waarop sy antwoord: "Actually, it was to die, but you put a dampener on that."

142

Gesinsgeweld is groot hier, en ook daar kom sy medemenslikheid in die spel.

En dan jaag hy nou en dan 'n boosdoener en stoei om hulle te arresteer, wat hy ook geniet.

Soos hy dit aan my verduidelik: Hy kry te doen met mense op een van die slegste dae in hulle lewe, en dan kan hy help.

Ek kan maar net daarvan droom om so 'n daadwerklike impak op enigiemand se lewe te hê. Dit sit eenvoudig nie in my broek of skoene of waar ook al nie.

4 Junie 1999

My kontrak verstryk einde van die maand. Dus is ek kniediep terug in die onsekerheid.

Die enigste twee mense met wie ek nie goed saamwerk nie, is toevallig dieselfde twee met wie die baas besonder goed oor die weg kom. Maar dis seker 'n verskoning. Al wat ek kan aanvoer ter versagting van die slag op my ego, is dat al my ander kollegas wat uitvind my kontrak is nie verleng nie, die een na die ander by my aankom en hul skok en verbasing uitspreek soos mense in 'n na-ongelukse nuusberig. Daar was ook beloftes van vryskutwerk van hulle af.

Ek het nie die moed om weer van voor af werk te soek nie, en in elk geval nie genoeg geld om lank daarmee te sukkel nie. Dus gaan ek binne die volgende week of so 'n besluit neem. Miskien is dit nou tyd om halt te roep met hierdie ekspedisie, veral omdat Elsabé so ongelukkig is. Daar is dus 'n kans dat ons saam verjaardag kan hou hierdie jaar.

Moet julle maar nie bekommer of ontstel nie (as daar so 'n inklinasie is). Ek moet nou maar net besluit en doen, synde 'n grootmens wat verantwoordelikheid moet aanvaar vir my eie lot.

Wanneer ek hierdie e-posse lees, is dit vir my duidelik dat ek minstens 'n mate van sensuur toegepas het. Ek onthou groter wanhoop as dit. En groter skok toe Aim Direct se baas my inroep en inlig dat my kontrak nie verleng word nie, glo omdat ek nie heeltemal die toonaard van die geskrifte regkry nie.

My eerste gedagte was dat die hele ding meer te doen het met haar twee pelle wat nie van my hou nie, of die keer wat ek my mond verbygepraat het in die vergadering, of daai dag toe ek verdwyn het om die oond te gaan haal. Maar ek moet by nabetragting toegee dat sy 'n punt beetgehad het oor die toonaard van my skryfwerk. Enersyds was ek toe nog nuut in die land, en Kiwi-Engels en Suid-Afrikaanse Engels is nie heeltemal dieselfde ding nie. My byna 'n dekade lank se werk in Engels in Suid-Afrika het dus minder gehelp as wat ek gehoop het. Ek onthou ek het iewers geskryf van "give someone uphill", wat in Suid-Afrikaanse Engels bekend is, agter die Afrikaanse uitdrukking aan, maar hier vir hulle onsinnig was. 'n Ander een was die woord "timeous", wat in Suid-Afrikaanse Engels ingeburger is. Toe ek dit op 'n keer gebruik, sê hulle vir my daar is nie so 'n woord nie, dit moet "timely" wees.

Nieu-Seelandse Engels het terloops heelwat Maori-leenwoorde, sou ek mettertyd leer. Ek ken seker minstens vyftig selfstandige naamwoorde in Maori, omdat mense dit algemeen gebruik, nie omdat ek ooit probeer het om die taal te leer nie. *Whanau* (fa-nau) vir familie, *hui* (hoe-hie) vir indaba, *kumara* vir patat, *koha* vir 'n welwillendheidsgeskenk, *puku* vir 'n boepie, *aroha* vir liefde, en goed soos die bemoedigende uitdrukking *kia kaha*, wat vertaal tot iets soos "staan sterk".

'n Verdere probleem destyds is dat ek te hard probeer het. Dit klink nou dalk belaglik, maar ek wou so graag 'n goeie indruk maak dat ek probeer het om met elke sin 'n interessante wending

144

of kwinkslag in te gooi. Elke sin was soos 'n advertensie-opskrif, en dit deug nie in direkte bemarking nie. Die gevolg was dat dit nie lekker vlot gelees het nie.

Hoe ook al, hierdie insig het eers later gekom. Indertyd was dit vir my 'n verskriklike slag en dit het boonop onregverdig gevoel. Ek het vir Elsabé gebel en sy en Anna het my kom oplaai vir middagete. Ons het naby my werk in die KFC gaan sit en langtand gekou aan die nuus en die burgers. Terug op moedverloor se vlakte. En daar stap die baas en haar twee gewraakte trawante vlak voor die venster by ons verby, aan't lag en gesels. Vir hulle is dit bloot Dinsdag of Woensdag, vir my iets soos die oordeelsdag.

5 Junie 1999

Die groot dink (bedoel om "ding" te tik, maar "dink" is straks beter) in my kop is natuurlik die werk-en-waarheen-kwessie. Eergisternag was betreklik slapeloos, gisternag beter. Ek moet sê dis vir my 'n geweldige riem onder die hart en aandoenlik hoeveel ondersteuning ek van die mense by die werk af kry. Sewe van die nege account managers het my hul steun toegesê. Die ander twee is die baas se pelle, en die konsensus in die res van die agentskap is dat hulle joeslis en giftig is. Nie dat dit my help nie, behalwe vir my selfbeeld.

Twee van die redelik senior mense is so de bliksem in dat hulle sonder aanmoediging en onafhanklik van mekaar vir my gesê het hulle gaan met die baas daaroor praat. Amptelik is daar nog vir my 'n agterdeur, omdat sy gesê het ons kan die situasie aan die einde van die maand "hersien", maar ek lees dit as 'n mooi manier om "fokof" te sê. En 'n mens wil in elk geval nie bly waar jy weet die baas vind jou onwelkom nie. Die een account executive skryf vir my 'n getuigskrif en die ander een het onderneem om hope vryskutwerk na my toe te kanaliseer.

Die waarnemende creative director het met my gepraat en gesê hy vat volgende week af om rustig oor die situasie by die werk te dink, want dis onaanvaarbaar dat twee gifmense (jip, einste hulle) soveel moeilikheid in die agentskap veroorsaak. Dis nou sake wat oor 'n lang tyd kom en met my niks te doen het nie.

Ewenwel, dis van min praktiese nut vir my.

Wat meer nut het, is dat ek gisternag lê en dink en skielik besef ek: nee moer man, almal se gatte. Ek gaan my portefeulje bymekaarsit, aan 'n paar deure klop, navraag doen vir 'n week of wat. En hier teen 16 Junie se kant gaan ek 'n besluit neem en basta.

Ek lê voorts en dink aan goed waarvan ek skoon vergeet het, soos alarms en parkeerjoggies, en dan draai my maag sommer. Dan draai ek saam en dink weer aan die ander kant.

As ek terugkom, sal ek my lewe ten beste moet inrig om die minste blootstelling te kry aan die goed wat my uitfreak. Ek moenie koerant lees en nuus kyk nie. Probeer om geld te maak, te lees, musiek te luister en met my vriende te kuier.

Die nuus ter sprake hierbo is oor misdaad. Toe ek uit Suid-Afrika weg is, was dít, meer as korrupsie, staatskaping, swak dienslewering of kragonderbrekings, die slegte nuus.

In die meer as 'n kwarteeu wat ek in Nieu-Seeland is, het ek nog nie 'n enkele besluit geneem waarby veiligheid 'n oorweging was nie. Nie wanneer ek waarheen ry en met watter pad nie. Nie of ek moet mik om laatnag deur 'n rooi lig te ry eerder as om te stop nie. Niks.

Ons sluit ons voordeur net wanneer ons gaan slaap of almal uit die huis is. Die karre staan selfs snags oop. Langs die straat sluit ek, maar my oprit is lank en niemand kom hier nie. Ons het nie diefwering, alarms of ysterhekke in die huis nie. As jy in die bed lê en iets buite hoor, weet jy dis maar net die kat, 'n krimpvarkie of possum.

Die een ding wat wel by ons huis gesteel is, is Elsabé se sonbril uit die kar uit. Toe dink sy daaraan dat hier mense van tuindienste was en sy bel die onderneming. Die baas sê hy het gesien sy een werker dra 'n nuwe sonbril, en hy stuur toe die ou om dit terug te bring en om verskoning te vra! Anna se nuwe strandsak is eendag gesteel. Toe sy uit die branders kom, lê daar dieselfde soort sak, net 'n ouer weergawe.

As mens see toe gaan, is dit gebruiklik om jou skoene uit te trek as jy op die sand kom en hulle daar te los totdat jy terugkom. Eenkeer het 'n vriendin dit gedoen, toe is haar skoene weg toe sy terugkom. Maar dis nie wat jy verwag nie.

Kort nadat ons hier aangekom het, was daar 'n bohaai in die nuus oor 'n "home invasion" – dis nou as iemand inbreek terwyl die mense by die huis is. Dit gebeur wel, maar selde. Daar is inbrake, maar ek ken niemand wat dit oorgekom het nie. Mense beroof drankwinkels en kafees en dreig of slaan of steek die eienaars. Ek het saam met 'n ou gewerk wat laat een nag in Auckland se middestad van agter oor die kop geslaan is. Hy het sy reuksin verloor en ons daagliks vergas met 'n wolk deodorant, want hy was bang hy stink. Daar is stories van bendes wat van nuwe lede vereis om goedsmoeds iemand op straat aan te val. Anderdag is iemand by die busstasie naby ons huis doodgesteek ná 'n onenigheid met 'n tiener, wat seker op "P" was, soos hulle tik hier noem.

Dus is hier misdaad en ook politici wat dit 'n twispunt wil maak.

Maar die vrees daarvoor registreer skaars – ek kan nie onthou dat ek al ooit mense hier daaroor hoor praat het as ons saam kuier nie.

7 Junie 1999

Hier sit ek op die middag van die koningin van Brittanje, Australië en Nieu-Seeland se verjaardag. Het jy ooit gedink ek sal af kry omdat die Koningin van die Kakies verjaar?

Vanoggend sit ek hier op my dek en ons drink tee en eet koekies en ek dink hoe salig dit sou gewees het om so rustig te kon leef. En my vriende byderhand te hê. Nou sal jy dalk vra vir wat kan ek nie so rustig in die Kaap lewe nie – jy doen dit immers. En dan het ek nie 'n goeie antwoord nie, buiten dat ek in geen jare so rustig as hier gevoel het nie. Niemand loop in die straat rond op soek na wie weet wat nie. Niemand kom klop aan jou deur met 'n sopstorie nie. Mense los jou uit om jou ding te doen. En as hulle jou sou pla, kan jy sê fokof en redelik seker wees jy lê nie môre in intensiewe sorg nie. Jy kan in die stad parkeer en jou geld in die meter sit en niemand kom argumenteer met jou dat jy eerder vir hulle die geld moet gee nie. Ek het diefwering laas in die Kaap gesien.

Ek het gister 'n email gekry van 'n ou hier vir wie ek al vryskut gedoen het, by Magnet Direct. Hy kan my nie in dié stadium 'n voltydse pos aanbied nie, maar wil graag met my saamwerk en ek moet inkom dat ons iets probeer uitwerk. Dalk gee hulle my 'n kantoor by hulle en 'n sekere hoeveelheid werk per week, raai ek.

Dan het ek ook nou plaaslike en toepaslike werkvoorbeelde om vir mense te wys, en ek het darem 'n handjievol kontakte.

Slotsom: Vryskut lyk beslis na 'n moontlikheid, maar ek sal dêm seker moet wees van genoeg werk voordat ek op daardie basis kan besluit om hier te bly. Ek moet darem weet ek kan terug SA toe as dit moet.

In 'n neutedop: Ek verkies om te bly vir nou. As ek nie baie gou seker is die vryskut is werkbaar nie, moet ek terugkom. Dis nie onmoontlik dat 'n maand of wat se vryskut vir my nog tyd koop nie, maar andersins mik ek om oor tien dae of wat 'n besluit te neem.

Hier is blykbaar 25 000 Suid-Afrikaners in NZ – net soveel mense as wat verlede jaar in SA vermoor is, terloops. Die twee feite is omtrent net na mekaar in 'n nuusberig genoem, nou die aand.

Die aantal Suid-Afrikaanse immigrante in Nieu-Seeland was volgens die jongste sensus oor die 70 000 – net minder as die Britte, Chinese, Indiërs en Australiërs. Die meeste van ons het ná 1990 gekom. Heelparty het hul merk hier gemaak, met die netbalspeler Irene van Dyk voor in die koor. Sy was 'n nasionale held. Dan is daar mense soos die bouler Neil Wagner en 'n beduidende aantal ander Suid-Afrikaners wat vir die Black Caps krieket speel. 'n Klompie dekades gelede het die Suid-Afrikaans gebore gewigopteller Precious McKenzie Statebondsmedaljes vir Nieu-Seeland gewen en hoë aansien geniet.

Omtrent die helfte van die Suid-Afrikaners hier woon in Auckland, veral in Howick in die ooste en Browns Bay in die noorde – waar ek woon. Ek het nie maat kom soek nie; dis maar waar ek 'n huis kon bekostig en my kinders in 'n ordentlike skool kon sit. Ons vriende is meestal ander uitgeweke Suid-Afrikaners, maar ons is nie deel van enige georganiseerde groep nie. Party mense koek graag saam, en vir hulle is daar geleenthede om dit te doen.

Eendag toe ek nog vir 'n maatskappy gewerk het, stel hulle 'n tweede Suid-Afrikaner aan. Ek soek die ou op. "Waar kom jy vandaan?" vra hy. Ek sê van die Kaap. "O so," kap hy my, "die enigste goeie ding van die Kaap is die pad terug Transvaal toe."

Ek het nie weer moeite gedoen met hom nie.

Die ding is dat mense wat uit dieselfde land kom, nie noodwendig veel anders gemeen het nie. As daar ander raakpunte is, maak die gemeenskaplike verwysingsraamwerk vriendskap makliker, maar jy kuier nie by iemand net omdat julle albei al in Laingsburg petrol ingegooi het nie.

8 Junie 1999

Soms kry ek insigte wat my tref. Dan kyk ek gewoonlik om my rond en sien dat omtrent almal wat ek ken lankal reeds die ding weet wat ek nou eers besef. Hulle het nog nooit eens anders gedink nie, so obvious is die insig wat ek gekry het. Ter illustrasie: Jou en Jurie se reaksie toe ek eenkeer my jongste insig aankondig, nl. dat die wêreld uit klein plekkies bestaan.

Ewenwel, nog so een tref my verlede week. Ek stap by my werk in die gang en dink oor die twee mense met wie ek nie oor die weg kom nie. En ek besef: "Almal hoef nie van my te hou nie, dis okay."

Julle mense weet dit lankal, maar vir my was dit 'n groot en belangrike keerpunt. Daar loop ek toe verder met 'n jubeling in my hart. Ek gee nie om nie, almal hoef nie van my te hou nie!

Fast-forward so 'n dag of twee, toe daar sterk getuienis kom dat ek die bal mis slaan: As almal nie van jou hou nie, word jou gat straks toegestop.

Die lewe, soos Jurie sê, is vol vreemde wondere.

Ingeval die storiedrade nie duidelik is nie: Daai twee wat nie van my gehou het nie, was moontlik deel van waarom ek my werk by Aim Direct verloor het. Of dalk was dit my gebrek aan talent of vaardigheid. Die rede maak minder saak as die feit dat dit gebeur het.

10 Junie 1999

Die ouens by Magnet wil hê ek moet by hulle aansluit as creative director. Dit klink beter as wat dit is, want hulle het nog nie genoeg werk/geld om iemand heeltyds aan te stel nie. Hulle kan my maar net al hulle skeppende werk belowe.

Kortom: Dit lyk darem of daar moontlikhede is.

Miskien sal Elsabé selfs weer glimlag.

13 Junie 1999

Ek is vol moed dat die ding gaan werk en rigting sal gee aan my loopbaan – wat, soos jy weet, die ongoing dilemma in my lewe is.

Ek wil einde Junie by Aim loop, al kan ek langer bly. Dis nie vir my lekker om te werk waar ek voel my vaardigheid word bevraagteken nie.

Die voortslepende onsekerheid is vrek swaar. Die geldelike krisis ook. Ek hoop dat ek nooit armer sal wees as nou nie. My lot is grotendeels in my eie hande, wat skrikwekkend is. Maar dit kon erger wees. My lot kon ook in ander fools se hande gewees het. En mens kan hulle nie vertrou nie, sien ek nou.

14 Junie 1999

Nou wil ek iets sê oor die goed wat ek die afgelope tyd gelees het van Jung en mitologie. Geestesgoed. Elsabé vra of dit

151

besondere betekenis vir my het in die huidige krisis. En die antwoord is: Nie direk nie. Wat dit wel doen, is dit herinner my aan dinge wat dit vir my moontlik maak om nie, soos Nietzsche dit glo gestel het, te "grovel before sheer fact" nie. M.a.w. om oor handstane te kan droom in 'n see van stront.

Van handstane gepraat. Gister val Anna van haar fietsie af en beland met haar hande op die grond en haar alie in die lug. Elsabé kom help en Anna merk op: "Poephol in the sky."

Sonder die beskawende invloed van ander Afrikaans-sprekendes verval ons in walglikheid.

Iets interessant wat Elsabé vanoggend oor NZ opmerk: Dis 'n vredige en gelukkige land, maar daar is 'n onderstroming van hartseer. Want hier loop derduisende immigrante rond wat elkeen sy eie hartseer saamdra – hetsy oor die verlies aan 'n geboorteland, die swaarkry wat mense hier ervaar, of die herinnering aan wat hulle in hul tuisland moes deurmaak. Die paar swart mense hier is van Rwanda en Burundi, byvoorbeeld. Die Joego-Slawe het ook bomme en bloed in die agtergrond. En dan kom hulle hier en mense dink hulle is stupid omdat hulle sleg Engels praat. By my ou army-makker se seun se skool is die opsigter 'n soöloog wat al vyf boeke geskryf het in sy eie land. Hier hark hy blare.

Die Kiwi's word maklik beïndruk deur mense en dinge uit Brittanje. Kom jy egter van elders, word jou kwalifikasies en ervaring met agterdog bejeën. Ek praat eenkeer met 'n Indiër. Die Kiwi's steur hulle nie aan sy graad nie, vertel hy my, en die universiteit waar hy was, is ouer as Nieu-Seeland, wat eers in 1840 sy grondslag gekry het . . . Ek vermoed Auckland se taxibestuurders is van die hoogs gekwalifiseerdes wat jy enige plek sal kry.

Daar is 'n element van rassisme ook. My Tsjeggiese vriend se pa was 'n buitelandse korrespondent vir die staat se nuusdiens en het in talle wêrelddele gebly, en my pel is toe in Indië gebore. 'n Werksoek-agentskap het hom aangeraai om sy geboorteland van sy CV af te haal.

30 Junie 1999

Dis my laaste dag hier by Aim. Môre begin ek om die hoek te werk by die plek met die aanvallige Chinese ontvangsdame.

Ek is gespanne, maar desondanks verlig. Dit het vir my gevoel of ek 'n tweedeklas burger is hier. Ironies genoeg het ek in die laaste paar dae 'n klompie goeie goed hier gedoen – selfs vanoggend nog vriend en vyand opgewonde gemaak met 'n idee. Maar nou ja. Laat dit vir hulle 'n les wees.

HINKEPINK

So loop ek toe die volgende oggend by Magnet Direct in, sonder 'n kontrak, maar darem met 'n lessenaar en stoel en 'n ietsie om te doen waarvoor ek betaal sal word.

Die ontvangsdame na wie ek in my vorige e-pos verwys, is Victoria, 'n funky meisie met so 'n regop kuif en 'n groot glimlag, 'n hartlike mens wat my tydelik kon laat vergeet hoe broos my eiewaarde is. Sy was Chinees, maar ook so Kiwi as kan kom – hier gebore, en haar ma selfs ook. Sy kom van 'n dorpie in 'n landelike streek waar hulle die enigste Asiese gesin was.

Meer as twintig jaar later, nou anderdag, gesels ek met 'n Chinese egpaar saam met wie ek pickleball speel. Pickleball, terloops, is die eerste georganiseerde sport waaraan ek sedert my skooldae deelneem. Dis soos tennis wat jy met spane op 'n pluimbalbaan speel, 'n heerlike sosiale sport wat in Suid-Afrika ook uitgeslaan het en in Amerika vinniger as enige ander sportsoort groei. Op die een plek waar ek gaan speel, is ek partykeer die enigste een wat nie Chinees is nie.

Om met Oosterlinge te meng is vir my nuut. As Afrikaanse kind van my geslag het ek nie mense uit daardie wêrelddeel geken of selfs eens gesien nie. Toe ek universiteit toe gaan, was ek in die koshuis Smuts Hall saam met 'n Chinese ou uit Port Elizabeth. Dit was die eerste keer dat ek een van sy nasie van naby sien. Ek meen dinge in Suid-Afrika is nou anders. Maar vir my is die Asiese kultuur iets waarmee ek in werklikheid eers in Nieu-Seeland te doene gekry het. (Hier dui die term "Asies" op mense en dinge uit die Verre Ooste – China, Japan en Korea. Mense soos Indiërs en Maleiers, wat ek in Suid-Afrika wel gesien het, tel in die plaaslike spreektaal nie as Asies nie.) Hier woon derduisende Asiërs – meer as sewentien persent van die totale bevolking, dus bykans net soveel as Maori's. Al die Kiwi's wat ek teëkom, eet vaardig met chopsticks en hou van Asiese disse. Asië is baie nader aan Nieu-Seeland as Europa, en jy sien oral blyke daarvan.

Buiten dat hier nou goed soos bok choy in my yskas is, sesame-sous en vissous in die kas, het die Asiese kultuur my op 'n heel onverwagse manier betrek. Elsabé het hier rondom Covid die Koreaanse reeks *Mr Sunshine* op Netflix gesien en kry my toe sover om saam te kyk. Net daar haak ek vas en kyk sedertdien byna uitsluitlik na Koreaanse TV. Die redes hiervoor is kompleks. Ek het 'n klompie teorieë daaroor, maar dis iets vir 'n ander dag. Omdat ek so baie na die taal luister, besluit ek toe ek kan hom net sowel probeer leer, en dit doen ek tans. Ek glo nie ek sal Koreaans ooit bemeester nie, maar dis heerlike afleiding om so 'n vreemde taal se eienaardighede te leer ken. Boonop het ek as deel van hierdie leerpoging by 'n Koreaanse klas aangesluit waar ek met nuwe mense uit Korea, China, Indonesië, die Filippyne en Thailand te doene kry.

Terloops, my vorige pogings om nuwe tale aan te leer, was nie altyd suksesvol nie. As hoërskoolkind en in my twintigs het ek bietjie met Russies gefoeter, en enkele woorde het vasgesteek en deel van die idiolek in ons huis geraak. Ons kyk nie TV nie, ons "smotrietsje". In die afgelope dekade het ek Duits leer lees, sodat ek ordentlik navorsing kan doen vir my Duitswes-boeke. Toe my skoolmaats Duits gedoen het, was ek in die kunsklas. Met selfstudie kon ek 'n paar jaar gelede heel skaflik Duits lees met 'n woordeboek byderhand, maar moenie vir my vra om 'n sin te maak nie. En moet ook nie verwag ek gaan jou vraag in Koreaans beantwoord nie.

Die Chinese in my pickleball-groep kom meestal nie uit China of Taiwan nie, eerder uit Maleisië of Nieu-Seeland. Maria en Kevin, met wie ek op pad pickleball toe gesels, is albei hier gebore. Ek vertel hulle toe dat ek kort ná my aankoms iemand in hulle posisie leer ken het, naamlik Victoria.

"Victoria?" vra Maria. Sy pluk haar foon uit en wys my 'n foto. Daar sien ek weer Magnet Direct se aanvallige ontvangsdame, nou twintig jaar ouer. "Dis my sussie!"

In 'n klein wêreld is hierdie 'n klein landjie. Een van die groot foonmaatskappye hier se naam is Two Degrees. Die gedagte daaragter is dat daar tussen Kiwi's nie die gebruiklike "six degrees of separation" is nie, maar net twee – vat enige twee Kiwi's en hulle sal minstens een gemeenskaplike kennis hê. Dis die teorie.

Of dinge nog so werk met die baie immigrante, weet ek nie. As jy in Auckland se hoofstraat loop, is tweederdes van die mense wat jy sien immigrante. Baie sal onopgemerk by jou verbygaan, maar party se voorkoms verklap hul buitelandse herkoms. Baie Asiërs trek hierheen en bring dan hul ouers oor, met die gevolg dat hier heelwat oumas en oupas rondloop wat min of geen Engels praat nie.

Daar is nogal 'n beduidende anti-Chinese sentiment by Kiwi's wat meen China stroop die land se woude en Chinese beleggers jaag huispryse op. Dan ook sommer pure rassisme. Daar is 'n breë opvatting dat Chinese sleg kar bestuur. My indruk is dat baie Asiërs, vermoedelik dié wat as volwassenes hierheen gekom het, 'n eiesoortige idee het van hoe verkeer werk. Wanneer diesulkes besluit om te stop of weg te trek of te briek, kan dit 'n mens weliswaar verwar en frustreer.

Waar Asiërs se teenwoordigheid veral opvallend is, is by skole se prysuitdelings. Die Asiese kinders werk ongelooflik hard en wen byna al die akademiese pryse. Hier en daar kry 'n Boertjie 'n prys vir boekhou of handwerk, of iemand van die Pasifiese Eilande 'n sportprys, maar dit was die uitsondering in my kinders se hoërskool. Baie pryse word alfabeties oorhandig, en as hulle by Le, Lee en Li kom, kan jy maar regskuif vir 'n laaaang sit. (Van prysuitdelings gepraat: As ek so in die ry af vra "vir watter vak" hierdie prys is, dan gluur my kinders my aan en sis ek moet tog in vadersnaam Engels praat.)

11 Julie 1999

Ek het lankal die idee dat mens op verskillende vlakke oor dinge kan dink, en deur te kies om dit op die een vlak of die ander te doen, manipuleer jy jou emosies. As die belangriker goed jou treurig stem, dan dink jy oor die scone wat jy eet of die son op jou kop. En dit, glo ek, het nie minder waarde as die werklikhede wat oor langer periodes strek nie – goed soos finansiële kommer (in my geval), die verlies aan geliefdes, onvervulde drome, en so aan.

Gisteraand dink ek na oor die afgelope jaar of wat, en ek besef dat daar min vlakke, of dan nou aspekte, van die lewe is waaroor ek durf dink. 'n Hele klomp het vir my taboe geraak. Daar is net te veel emosionele sleur. Wat nie soseer 'n klagte is nie. Dis bloot 'n faktor van die geskiedenis, oftewel die ouderdom. Dinge gebeur, en die positiewe en negatiewe raak al hoe meer vervleg. In die weefsel van elke oomblik is die drade van hartseer.

Dit, hierdie rykdom, is miskien op die ou end die ding. Dat
jy verwonderd kan staan daarvoor, en voor die feit dat daar
iets is (jy) wat dit waarneem.

Sonderling, sê ek jou. (Is dié woord in dieselfde span as
tweeling, eenling . . .?)

Iets wat in hierdie tyd gebeur het en nie in my skrywes beslag
gekry het nie, is dat die mense by Aim aangehou het om vir my
vryskutwerk te gee nadat ek daar weg is. Die groot verskil was
dat ek nie in die kantoor gesit het nie, maar werk gaan optel het en
dit tuis gedoen het. Maar toe kom die baas dit agter en sy verbied
hulle om my verder te gebruik.

Ek is nou nog verbyster oor dié kleinlikheid. Sy het seker ge-
reken dit weerspreek die rede wat sy vir my aangevoer het oor
hoekom my kontrak nie verleng is nie, naamlik dat ek nie goed
genoeg skryf nie. As haar mense my nou as skrywer gebruik . . .

Een van die senior account executives by Aim Direct het later
sy eie agentskap begin, en kanaliseer tot vandag toe werk na my
kant toe.

14 Julie 1999

Vanaand het ons na Devonport gegaan (en dis waar 'n mens
hier moet bly, het ek nou besluit – soos Stellenbosch by die
see) en Thai-kos geëet. Vir eens het ons nie ter wille van die
kinders na Magicdonalds (soos Anna sê) gegaan nie. Maar
Bernard was boos daaroor en het met 'n dik bek gesit. Anna,
weer, het heeltyd gevra: "Wanneer kom die paartie dan?"

Die betrokke dag was my eerste verjaardag in Nieu-Seeland. Ek
deel dié gedenkdag onder meer met my pel André le Roux (ont-
vanger van hierdie skrywes), PG du Plessis, Ingmar Bergman,

Gustav Klimt, Woody Guthrie en die Franse Republiek. En die sangeres Angelique Kidjo is my tweeling; ons is nie net op die-selfde datum gebore nie, maar ook in dieselfde jaar – sy in Benin en ek in Namibië.

Van Elsabé – 18 Julie 1999

Hoe verlang ek nie. Ons is veilig hier, maar die koestering van mens se vriende . . . Daardie veiligheid het ek nie hier nie.

Party ouens is almal se pel. Ek en Elsabé is van die ander soort, wat langsaam oor jare 'n klein vriendekring opbou. Kom jy dan in 'n nuwe land, is daar geen manier om vir hierdie verlies te vergoed nie. Hier het ons in die vroeë dae heelwat mense ont-moet, en moeite gedoen om te kyk of die verhoudings betekenis-voller kan raak. Omdat die Kiwi's van ons ouderdom reeds hulle gevestigde vriendekringe het, het ons gevind dat immigrante meer oop is vir vriendskap.

Baie van die Suid-Afrikaners wat ons ontmoet, is nie mense met wie ons daar vriende sou wees nie, en hier haper dit ook maar. As ons kerkmense was, of net nie so inkennig was nie, sou dit sosiaal beter gegaan het. Dit lyk my die meeste Suid-Afrikaners wat hier-heen migreer en kerkgangers is, skakel makliker by die plaaslike immigrantegemeenskap in. Die hegste Afrikaanse vriende wat ons hier gemaak het, is 'n gay paar wat beslis apart staan van die groter Afrikaanse gemeenskap. En dan was daar Ryk Hattingh, maar toe gaan staan hy mos en doodgaan. Buiten 'n enkele Kiwi-paar wat Elsabé kort ná ons aankoms deur haar werk ontmoet het – die vrou het vir Els werk by haar kunsskool gegee – is ons ander vriende omtrent almal Engelssprekende Suid-Afrikaners, meestal mense met 'n sterk konneksie met die beeldende kunste.

Frank van Schaik, wat een van my gunstelingskilders in my dae as kunsresensent by *Die Burger* was en wie se werk pryk op die omslag van my eerste roman, *Wydsbeen*, het ek hier kom raakloop. Ek vertel eendag doer in die begindae vir Elsabé ek het 'n ou op straat gesien wat na Frank lyk. Later hoor ons hy is hier, en ons loop mekaar by gemeenskaplike kennisse raak. Ons sien mekaar soms. Die skilder Henry Symonds, met wie ek destyds in die Kaap 'n onderhoud gedoen het, woon ook hier, en ek het hom al by geleentheid raakgeloop. Dis groot kunstenaars wie se werk in nasionale versamelings in Suid-Afrika hang. Hier leef hulle in relatiewe obskuriteit.

Tom Fox, wat Bright Blue se treffer "Weeping" gesing het, woon ook hier naby en ons kuier meermale saam. Ek het hom in die Kaap ontmoet toe ek in die reklamewese gewerk het en soms radio-advertensies opgeneem het in die ateljee waar hy was.

Ek het deur my belangstelling in ernstige bordspeletjies en my meer onlangse betrokkenheid by pickleball 'n breër groep kennisse opgetel, maar dis nie mense by wie se huise ek kuier as daar nie speletjies op die tafel is nie.

Die gebrek aan sielsvriende is vir Elsabé en ook vir my die grootste probleem hier. Ons albei se hartspelle is steeds mense uit ons jongdae en hulle sit in Suid-Afrika.

21 Julie 1999

Ons het uiteindelik gaan betaal vir die regmaak van Elsabé se kiln, en die ding behoort vanmiddag hier afgelewer te word. Dis nog onduidelik of ons hom in die huis in gaan kry. Ek het intussen deure afgeskroef en so aan.

Gister het ons ook 'n nuwe wasmasjien gekoop. Ons s'n maak sedert hulle hom hier afgelaai het 'n snaakse kapgeluid. Ek het gedink – en dink nou nog – dit was sommer 'n kleinigheid, maar geen tegnikus wou eens na die ding kom kyk nie, want hulle ken nie hier van Defy nie. Nou het als net vererger en die masjien se drom het skeure in.

So tien jaar gelede het ons twee saam vir Naspers gewerk, kafeteria toe gegaan en so aan. Nou eet jy steeds daar. Ek het intussen met 'n ander vrou getrou, telkens van werk verander en selfs na 'n ander land toe getrek. En nou wonder ek of ek na al die geworstel enigsins beter daaraan toe is. (Behalwe wat die vrou betref.)

Ek moes al daardie goed doen. Goed wat in die oomblik van besluitneming onafwendbaar gelyk het. Maar soms is ek weliswaar moeg en verlang ek daarna om nie so blootgestel en oopgevlek te wees nie. Ek en ou Prometheus.

Ek voel bietjie afgesonderd en verlore die laaste paar dae.

Nou moet ek darem vir die rekord sê dat die vrou van wie ek geskei is, iemand is met wie daar op sigself niks skort nie. Ek het net nie genoeg van myself gehou by haar nie. Ons het mekaar op universiteit gevind deels omdat ons albei troebel Afrikanerkinders was tussen 'n spul Engelssprekendes.

'n Sekere emosionele vertroebeling is maar deel van hoe ek is. Melancholie volg my soos 'n skaduwee. In my tienerjare het my ouers in een stadium die moontlikheid van berading genoem, waarvan daar toe niks gekom het nie. In my laat twintigs het ek wel 'n ruk lank met 'n sielkundige gaan praat. Ek kan dus nie sê dat my migrasie uitsluitlik verantwoordelik was vir enige gemoeds-bekakking wat ek rondom die skrywe van hierdie e-posse beleef het nie, maar terwyl die immigrantelewe dit is wat ek lei, is dit wel 'n bydraende faktor tot my besoeke aan sielkundiges so dan en wan.

Emosioneel gesproke het ek twee groot dilemmas: Een is dat ek nog nooit 'n beroep kon vind waarmee ek vrede het nie, die ander is 'n endemiese eensaamheid. Eersgenoemde is deur die trek landuit bemoeilik, en laasgenoemde baie vererger daardeur. Om nie hartsvriende te hê by wie jy op 'n Woensdagmiddag of Saterdagaand kan gaan sit en kla of klets nie, is 'n geweldige gemis.

My ma het my vertel van die dag toe die Tweede Wêreldoorlog geëindig het. Sy was 'n jong meisie in Windhoek. Die nuus was op die draadloos en almal het gejuig en gejubel en in hulle karre getoeter. En toe dit verby is, begin die Duitse kerk op die bult se klokke langsaam te lui . . .

Dis 'n beeld wat my in my moeiliker oomblikke bybly.

24 Julie 1999

Vanoggend word ek in Bernard se kamer wakker, nadat hier in die nag slaapplekke geruil is. Die lig filter deur Elsabé se nuwe blou en geel blokkiesgordyne. Sy het dit met haar ma se handslinger-Singer gemaak. Bernard haat die gordyne dermate dat hy dae lank agteruit in sy kamer ingestap het om hulle nie te sien nie. Maar ek lê daar en dink hoe salig dit eintlik kon wees as ek nie my gat afgeworry het nie.

Elsabé het in die nag wakker gelê en sê my vanoggend sy is nou gereed om terug te gaan SA toe.

Ek het werkgewys 'n stil week beleef. Ek het definitief uit die big league uit na die little league toe beweeg, wat swaar is om te sluk.

Ek dink iets wat my van baie mense onderskei, is dat ek al werklik getwyfel het aan my vermoë om selfs net gemiddeld te presteer in terme van 'n beroep. En selfs al sou ek geglo het dat ek die talent het, weet ek dat dit nie die enigste kriterium vir sukses is nie. Daarvoor het te veel groot geeste al in armoede en wanhoop gekrepeer.

Ek en Elsabé het gister gegaan om aansoek te doen vir ons NZ bestuurslisensies. Ons moet nou albei 'n toets ook skryf. Jy moet op sekere ouderdomme opnuut getoets word. Die gevolg is dat Elsabé se lisensie net vir drie jaar geldig gaan wees. Maar sy sê oor drie jaar is sy nie meer hier nie.

30 Julie 1999

Dinsdag gaan ek vir 'n onderhoud vir 'n voltydse werk. Ek hoop maar ek kry dit. Dit sal lekker wees om na 'n jaar hier darem te kan sê dit lyk of goed finansieel gesproke gaan uit-werk. Emosioneel trek my vrou nog erg swaar. Te swaar. Ons is op 13 Augustus 'n jaar hier. Ek is bang vir daardie datum.

Elsabé se pottebakkerplanne vorder nie goed nie. Ons het agtergekom die klei foeter die kombuisvloer vreeslik op. As sy daar moet klasgee, sal ons die vloer moet oordoen wanneer ons waai. Sug.

Het ek jou al vertel van die Oosterse vrou wat huil? Sy kom sit daar op die veldjie naby ons huis en weeklaag bitterlik. Elsabé het al gevra om te help, maar die vrou wil niks weet nie. Ons ander buurvrou het die vrou al gevra om elders te loop raas. Sy merk op: "So many demons in such a little body."

Komende uit Suid-Afrika, is die kultuurverskille vir ons 'n fraksie van wat dit vir iemand uit die Verre Ooste is. Heel moontlik het die wenende vrou geen woord van Engels verstaan nie. Verbeel jou jy beland op 'n plek en die mense klink anders, gedra hulle anders, eet ander kos, trek anderste klere aan . . . Ek kan my net indink hoe vervreemd daardie arme vrou moes gevoel het. Ons demons is pikkies vergeleke met dies waarmee sy geworstel het. Desondanks het my eie monsters my goed besig gehou. Die goed is knaend, voel klaarblyklik geen pyn nie, en teer op myne.

2 Augustus 1999

Ek sou nou vir jou 'n boek kon skryf. Maar niemand sal dit wil lees nie, want dit gaan net oor my.

Ek gaan môre vir 'n job interview. Dan sal ek nog in elk geval hier werk tot die 13de. Dan begin ek in die Kaap werk soek, dink ek. Elsabé wil maar teruggaan, en daarteen kan ek my nie verset nie.

Selfs al kry ek werk hier, sal ons dit seker maar net gebruik vir 'n klompie maande om die trek terug te finansier. Al vind ek dit 'n bedenklike motivering. Al dink ek om terug te gaan sal in alle opsigte buiten Elsie se sieleheil 'n totale fokop wees. Al dink ek dit maak 'n volslae fokop van die koms hierheen. Al dink ek dit sal 'n helse poging van my vat om te keer dat dit 'n volslae fokop van my lewe maak.

Ek wil by my vrou en kinders wees. Dis hoekom ek hierheen wou kom. Dat ons saam kon wees, en heel voorspoedig. Maar dit lyk my ek het verloor. Ek kan nie wen nie, selfs al sou ek dit finansieel kon laat werk, wat ek sover nie kon regkry nie.

Cormac McCarthy skryf iewers "failed enterprises divide lives forever into the before and after". Ek hoop vir 'n wonderwerk sodat hierdie nie daardie skeidslyn sal wees nie. Maar dit sal vat dat (1) ek 'n goeie werk kry en (2) Elsabé besluit dis maar beter om hier te bly. Aan 1 kan ek nog iets probeer doen. Nommer 2 is buite my begrip, om van my beheer nie eens te praat nie.

Ek is kwaad en verslae, en weier steeds om te glo dat daar geen oplossing is nie. Miskien kry ek môre werk. Miskien besluit Elsie oor die volgende paar maande sy sal tog kan oorleef buite SA. Of dalk besluit ek ons sal tog kan oorleef in SA.

God weet, ek weet nie.

3 Augustus 1999

Ek was vanoggend vir die onderhoud. Die ou het gesê my CV is indrukwekkend en die werk is uitstekend. Hy kyk nog na 'n paar ander mense en ek sal weer van hulle hoor . . . Ek het daai een al gehoor. As ek dit nie so baie gehoor het nie, was ek nou opgewonde.

Laas nag droom ek ek huil. Toe word ek met droë oë wakker en voel soos 'n dreinrot in watte.

My kinders gaan agteruit. Bernard wil weer bottel drink. Hy het ook eergisteraand by ons kom slaap, vir die eerste keer in baie jare. Anna piepie nie net haar bed nat nie, maar sommer enige plek waar sy staan of gaan. Nadat sy seker meer as ses maande uit doeke uit is en dit sover eintlik goed gegaan het.

Gisteraand vra ek vir Bernard of hy vir my sal vertel as hy ongelukkig is, toe sê hy nee, want ek is die een wat hom ongelukkig maak. Dieselfde geld glo vir sy ma. Hy sal die kat vertel, besluit hy toe. Maar ek vermoed die kat gee geen snars om nie. Hy is in elk geval 'n Kiwi-kat wat seker min Afrikaans verstaan. Hy is nie bang vir nat word nie. Hy loop vanself in die water in. En gaan stap in die reën buite rond en kom dan nat-nat terug in die huis in.

Van Elsabé – 5 Augustus 1999

Dit gaan swaar op die oomblik, ek kan dit nie ontken nie, maar ons is wonder bo wonder tog nog intact. Ek dink beide

Z en ek kry dit tog nog reg om ten spyte van al die probleme 'n soort filosofiese perspektief op ons lot te hê.

Hy het besluit dat NZ die regte plek is en ek het besluit, toe ek ingestem het om hierheen te kom, om 'n diepe wens en behoefte te respekteer van my man wat ek liefhet. Ten minste vir 'n tyd. Hier is ons nou saam op hierdie soms verskriklike avontuur, maar dis okay.

Moet julle nie te veel worry nie. Noudat die werksituasie onstabiel is, fluktueer ons emosies accordingly, maar dit gaan altyd weer beter. Ons deel maar die slegte tye met ons vriende, soos wat ons die goeie tye graag gedeel het.

In die jare toet het mense die ossewa, pad of skip gevat na verre wêrelddele toe. Jy skryf 'n brief en kry ten beste eers baie maande later 'n antwoord. Hoe hulle dit gehou het, weet ek nie. Om ten minste met bekendes te kan kommunikeer, is 'n geweldige troos en uitlaatklep. Ons moes op die rekenaar skryf en dan na 'n getjier-tjar luister terwyl die konneksie deur die foonlyn gemaak word, maar jy kon darem weet jou pel sien jou woorde wanneer hy weer voor sy rekenaar inskuif. Vandag met WhatsApp klets jy sommer so padlangs met jou foon. Baie beter, behalwe dat ek te veel sukkel om daarop te tik.

8 Augustus 1999

Halfvier die oggend lui die telefoon. Dis my suster in Johannesburg wat maar net nie die tydsverskil kan kleinkry nie. Toe praat ons maar 'n ent, en toe is ek wawyd wakker en kan nie weer aan die slaap raak nie. Dié suster van my gaan Vrydag Oxford toe, waar sy by 'n konferensie moet gaan praat. Sy weet dus blykbaar die een en ander wat ander mense nie weet nie. Maar moet haar nie vra om te onthou wanneer dit hier nag is nie. Dis al die tweede keer dat sy my so wakker bel.

My suster was nie die enigste een wat nie die tydsverskil tussen Suid-Afrika en Nieu-Seeland kon kleinkry nie. Ons foon het meermale in die nag gelui. Wat dit erger maak, is dat wakker die laaste ding is wat ons wil wees; ons wil slaap, om nie te weet wat aangaan nie. Eenkeer vra Elsabé toe vir 'n beller uit Suid-Afrika om af te lui, dis nag. Die beller sê: "Gmpf, ek sou bly gewees het as iemand mý gebel het."

'n Kleiner effek van die tydsverskil, terloops, is dat die datums boaan die e-posse nie heeltemal betroubaar is nie – party is van daar en ander van hier.

Maar die beste storie vir my is 'n vriendin wat hierheen trek en sy verduidelik vir haar ma dat dit in Nieu-Seeland tien of elf uur later gaan wees as in Suid-Afrika, afhangende van die seisoen. As dit tienuur die oggend is daar, is dit al agtuur of negeuur die aand hier. Die ma luister die storie so, en toe vra sy: "Ek wonder darem wat die Here daarvan dink dat julle nou so half in die toekoms gaan woon."

9 Augustus 1999

Ek skryf deesdae baie vir jou. Dis omdat ek op die naakte nerwe loop op die oomblik. Maar as die patroon hom herhaal, gaan dinge eersdaags begin beter gaan. Sodra ek opgee, vlam hoop weer op.

11 Augustus 1999

Die een direkte bemarkingsplek wat ek laas Dinsdag se koers gaan sien het, het besluit om my en 'n meisie vir 'n proeflopie

te laat inkom. Hulle wil sien of ons met mekaar kan saam-
werk, en met hulle. Uit al die aansoekers is ons twee gekies.

Ek weet ook, uit jare lange ondervinding, dat slegte nuus
meteens kom, maar dat goeie nuus neig om drupsgewys te
ontvou. Dus jubel en spring ek nie. Maar dit lyk tog of daar
lig is.

Intussen lyk dit of Elsabé ook betrokke gaan raak by werk.
Hier is 'n private kunsskool wat sy vanaand gaan sien het en
dit lyk of sy twee kursusse by hulle gaan aanbied.

Die onsekerheid is nog nie weg nie, maar dit lyk darem
rooskleuriger. Ek wil sommer huil. Dit het maar swaar gegaan
die laaste twee weke veral.

Een bedryf waar hulle jou vir jou skryfvermoë beloon, ten minste
in teorie, is bemarking. In ander opsigte pas die bedryf my hoe-
genaamd nie. Tog is dit waar ek jare lank my brood verdien het.

'n Spesifieke irritasie wat ek hier te lande in bemarking teëge-
kom het, is hoe dikwels en lank hulle kon debatteer oor "what it
means to be a Kiwi". Sulke nasionale selfbewustheid was vir my
vreemd. Dan kom hulle met allerhande teorieë oor wat dit is wat
hulle so uniek maak. Die beste antwoord wat ek nog gehoor het,
was van 'n politikus wat opgemerk het Kiwi's het verder as enige
ander bevolkingsgroep gekom om vir hulle gesinne 'n beter toe-
koms te skep – jy kan dit sien bloot deur na 'n wêreldkaart te kyk.
Die antwoorde wat ek destyds gehoor het, het grootliks gegaan
oor 'n mitiese pionier, soos in my leeftyd vergestalt deur Colin
Meads, skaapboer en All Black-slot van die 1960's, en meermale
deur Edmund Hillary, die avonturier wat Everest eerste geklim het.

Maar hierdie beeld is deesdae redelik verouderd. Dit gaan deels
oor 'n verandering in gees. As jy die ouer garde wil ontstel, sal jy

'n saak kan probeer uitmaak dat die outentieke Kiwi Richard O'Brien is, skepper van *The Rocky Horror Picture Show* en in die fliek te sien as Riff Raff. Sy standbeeld staan in sy geboortedorp, Hamilton. Of Kiri Te Kanawa, of een van die land se rits internasionale filmmakers: Peter Jackson wat Oscars gewen en ryk geword het deur 'n eindelose prosessie van lelike "orcs" te verfilm, Jane Campion wat die Oscar vir *The Piano* gewen het, Roger Donaldson, Niki Caro, Taika Waititi, Lee Tamahori en my persoonlike gunsteling, Andrew Adamson van *Shrek*-faam. Jy het tien teen een al flieks van elk van hierdie mense gesien. Die Nieu-Seelandse aktrise Anna Paquin het as kind 'n Oscar gekry en dan is daar ook Sam Neill en Russell Crowe, hoewel die Australiërs laasgenoemde ook toe-eien. Sy oom, Martin Crowe, het vir die Black Caps krieket gespeel. En Nieu-Seeland het twee skrywers opgelewer wat in die afgelope dekades die Bookerprys gewen het: Keri Hulme en Eleanor Catton. Katherine Mansfield is 'n ouer Kiwi-skrywer van faam en so ook Ngaio Marsh. 'n Klompie jaar gelede was die Kiwi-skrywer Lloyd Jones op die kortlys vir die Bookerprys. Die ou was, terloops, vol lof vir my boek *I Wish, I Wish*. Hy het by die bekendstelling gepraat en toe sommer ses eksemplare gekoop om vir vriende te gee.

Migrasie het ook die land se aard verander. Jy voel dit minder op die platteland, maar die stede is vol immigrante. By een so 'n vergadering oor wat dit beteken om 'n Kiwi te wees, slaat ek hulle toe met: "Vir een uit vyf van ons is om Kiwi te wees om te verlang na die land van jou geboorte."

In Auckland is die persentasie immigrante selfs hoër. Een uit drie Aucklanders kom van elders – Samoa, Fidji en Tonga; Brittanje, Australië, Kanada en die VSA; China en Korea; Rusland, Pole, die Oekraïne en Serwië; Indië, Maleisië en die Filippyne; Brasilië,

Argentinië, Chile en Colombië; Suid-Afrika, Zimbabwe, Uganda en Egipte. Op straat en in winkels hoor jy die hele VVO babbel.

15 Augustus 1999

Ons kar het nie sy sesmaandelikse padwaardigheidstoets geslaag nie, en dis eintlik nie die moeite werd om hom te laat regmaak nie. Dus moet ons 'n nuwe kar koop, maar dan moet ek weet of ek geld gaan verdien. Intussen ry ons maar onwettig rond en hoop ons maak nie 'n ongeluk nie of trek 'n polisieman se aandag nie. Hulle is hier ongenaakbaar met wetstoepassing.

Hier word al wat 'n wet is ernstig opgeneem en die polisie hou hulle op met dinge wat in Suid-Afrika misgekyk sal word. So ry Elsabé, byvoorbeeld, 'n klompie jare gelede in die buurt rond sonder haar veiligheidsgordel. 'n Polisiekar kom van voor af verby, kap 'n U-draai en sit haar agterna. Sy snap dadelik die rede – hulle wil haar vastrap oor die verdomde gordel. Sy dink vinnig en draai by die eerste die beste oprit in en parkeer voor die garage. Die polisieman stop in die straat en kom praat by die venster met haar. Sy het haar storie reg. Sy sê sy het net om die draai gery en toe nie haar gordel aangesit nie, oor dit sommer so 'n kort entjie is, sy was skaars in die straat.

"Bly jy hier?" vra die poliesman.

"Ja," sê Elsabé.

Die volgende oomblik hou daar 'n kar agter haar in die oprit stil – die huisbewoners wat van iewers af terugkom! So kom die hele sak patats toe uit en arme Els moet vir die polisieman erken sy het gejok . . .

Sy raak nou nog rooi as jy haar hieraan herinner, wat ek natuurlik elke dan en wan doen, vir die plesier daarvan.

170

25 Augustus 1999

Die mense donner ons steeds rond. Die onsekerheid rek uit
en my derms span steeds soos grensdrade.

Intussen het my arme dogtertjie 'n probleem. Sy wil
grootword dat sy ballet kan doen. Na elke ete staan sy op
haar stoel en rek haar uit en ons moet kyk hoe groot sy al
geword het. Dan sê sy môre gaan sy ballet toe. Dit was
natuurlik haar ma wat hierdie ding begin het, toe sy gedink
het dit is 'n goeie manier om 'n kind wat nooit eet nie aan
die eet te kry.

Bernard is bedonnerd en moeilik. Nou die dag sê ek vir
Anna sy moet vir Bernard gaan roep dat hy saam met ons
speel. Hy sal nie wil nie, lig sy my toe in: "Bernie is 'n
moeilike seun."

By die skool is hy egter gekies as Outstanding Citizen en
dra hy dag vir dag 'n wapen tot dien effek. Drie kinders in sy
klas is gekies – almal immigrante. Dit laat mens dink.

As mens van liefde en warm water kon leef, was ons egter
doodgelukkig. Ons het 'n goeie geiser.

Genoemde warmwatersilinder het terloops met gas gewerk, soos
ons stoof ook. Ek het gedog mens kry net sulke toestelle op plase.
Die gas kom met pype aan, jy het nie silinders nodig nie. As die
wind woes waai, gaan die geiser se vlammetjie partykeer dood, en
dan is jou water koud. Eerstewêreldprobleme.

26 Augustus 1999

Ek sal verbaas wees as hierdie werk waarvoor ek uitgetraai
het, gaan materialiseer. Die hele proses is onsmaaklik
gehanteer, met uitstellery, planne wat verander,

miskommunikasie, ens. Ons was drie keer by die plek, en het elke keer met heel nuwe mense te doen gehad, wat elkeen 'n ander storie vertel.

In my latere loopbaan sê my pel, die Tsjeggiese filmmaker wat ons korporatiewe video's doen, vir my ek is so professioneel. (Dis nou die ou wat in Indië gebore is, soos elders vermeld.) Hy sien ek is verbaas, oor ek nie daarvan bewus is dat ek iets buitengewoons doen nie. Sy antwoord was dat ek doen wat ek sê ek gaan doen, en dit is nie waaraan hy hier gewoond geraak het nie.

'n Mens kan nou nie die hele land beswadder nie, maar dinge hier kan partykeer maar los en vas wees.

Byvoorbeeld: Ek het grootgeword met 'n oom in die versekeringswese. (Die een wat wou weet of ek 'n kar in Nieu-Seeland het.) My pa het ook deeltyds polisse verkoop vir 'n ekstra inkomste. In my jare by Sanlam het ek gesien hoe die ouens woeker om besigheid te kry. Hier gekom, besluit ek toe ons het versekering nodig, want ek hou nie van kanse waag nie; as ek omkap, moet my gesin versorg wees. Ek bel 'n makelaar en sê hy moet my kom sien, ek het versekering nodig. Ons maak 'n afspraak. Al wat hy moet doen, is om aan die deur te kom klop en sy kommissie is gewaarborg. Toe daag die ou nooit op nie.

As jy in 'n winkel instap en vra of hulle husse met lang ore het, dan haal die assistent sy skouers op en loop weg. Niks van "Ek sal gaan kyk" nie. Niks van "Nee, maar ons het dies met kort ore" nie. Niks van rondbel en sê "Daar is 'n paar by ons ander tak, ek kan hulle laat kom" nie. Die klantediens het metterjare darem verbeter, of dalk het ek maar net gewoond geraak daaraan.

'n Amerikaanse vrou wat my spanmaat was by Aim Direct, het my vertel toe sy haar Kiwi-man in Atlanta leer ken, het sy gedog hy is die vaagste mens wat sy al ooit teëgekom het. Totdat sy hier kom en besef daar is 'n hele land vol mense soos hy. Kiwi's is so vaag, dis 'n wonder dat TV-kameras die All Blacks in fokus kry.

28 Augustus 1999

My blerrie vrou. Sy was nie so toe ons getroud is nie. Nou raak sy gans te spitsvondig. Ek sê vandag vir haar sy sal haar ou skoene agterna gooi om 'n man soos ek te kry. Sy sê: "Enige vrou wat met jou getroud is, sal net ou skoene hê."

Ek het ook mos gevoelens, demmit.

Hier kom in ons posbus hope papiere aan met special deals. Daar is baie geleentheid vir geld uitgee. Min vir geldmaak.

Terwyl ek van pos praat. Gister lunchtyd gee ek papiere in by my boekhouer. Vanoggend is daar 'n brief in die pos. Hy het die goed teruggestuur. Ek kan maar net nie gewoond raak aan hoe gou en goed die pos hier werk nie.

Ons plaaslike koerantjie het 'n hoofberig van 'n man in 'n kafee wat deur 'n tienjarige seun met 'n mes in die hand gesteek is. Hy het die seun gevang koeldrank steel. Maar die interessantste vir my was die laaste paragraaf, waarin gesê word dat SES polisiemanne die area daarna ure lank gefynkam het op soek na die kind.

En dan kla hulle dat Nieu-Seeland een van die geweld-dadigste lande in die ontwikkelde wêreld is.

Dis meer as 'n jaar vandat iemand laas by my probeer bedel het. Aan die ander kant kan ek sê dat ek in die jaar nog min werklike "kindness" ontvang het. Geldmaak neig om hier 'n onsmaaklike onderwerp te wees. Dis of die mense 'n punt daarvan maak om te sê jy moet betaal. Dis moeilik om my vinger daarop te lê, maar dis asof geldmaak minder diskreet is as in SA. Mense gee oor die algemeen ook selde vir jou iets present wat jou laat goed voel as klant. Niemand sit sommer iets gratis by vir welwillendheid nie. Jy betaal vir alles wat jy kry, en kry net waarvoor jy betaal. As jy slap tjips koop, is jou porsie afgemeet en klein. Dis nou iets kleins waarvan ek praat, maar tog sprekend van 'n sekere ingesteld-heid. Op die platteland is dit waarskynlik anders, maar hier in Auckland is vrygewigheid skaars. En as jy dit kry, is ek bereid om jou te wed die gewer is 'n immigrant.

My verwagtinge van mense het nogal afgeskaal die afgelope jaar. Dis enersyds goed om redelik seker te wees niemand wil jou goed steel of jou oor die kop bliksem nie. Maar jy weet ook die ou sal sorg dat hy sy pond vleis by jou kry. Ek kry nie die woord vir wat ek wil sê nie. Miskien is dit "wellewend-heid" wat ek hier mis.

In die week sien ek 'n busbestuurder sy bus langs die pad los. Hy bring sy geldtrommel uit, sit dit op die muurtjie neer en klim terug in die bus om nog iets te doen. Die trommel geld staan daar oop en bloot en onbeskermd.

Ek hoor anderdag van 'n ou wat betrap is dat hy 'n jaarlikse inkomste van digby halfmiljoen rand maak uit welsyn uit. Hier is 'n hele klomp verskillende toelaes waarvoor mens kan kwalifiseer, en die ou het dit slim bewimpel dat hy van oral bystand kry. Hy vlug toe landuit toe hulle dit agterkom. Volgens berigte is hy tans in Australië . . . op die welsyn.

Die welsyn is goed, maar het ook die nadelige effek dat daar vir mense minder motivering is om te werk. In sekere families is daar glo al geslagte lank niemand wat werk nie. Ek dink dis hulle kinders wat mense in winkels met messe steek.

Ek is nou maar 'n betreklik kort rukkie sonder vaste werk –
nie werkloos nie, maar onderbenut. En dit frustreer my
geweldig, bo en behalwe die geldaspek. Ek wil graag werk. As
iemand my net 'n stronterige jobbie gee, voel ek sommer
dadelik beter oor myself. Ek probeer onthou hoe dit gevoel
het om naweke agteroor te sit en te voel jy het dit verdien.

Meestal voel ek okay. Maar as ek in die vroeë oggendure
wakker word en ek lê en dink . . . Nie goed nie, kan ek jou sê.

Gelukkig lag ek en my vrou nog.

Nieu-Seeland is 'n welsynstaat. Selfs arm mense kan 'n huis en
'n kar en TV en rekenaar hê. Niemand hoef te steel om te oor-
leef nie. Dit is onteenseglik wonderlik.

Maar die stelsel het sy nadele, dis nou buiten die belasting wat
werkendes moet betaal, want die geld moet van iewers af kom.
Een van die ongelukkige gevolge van al die welsyn is ledigheid,
en dit is natuurlik nét wat die ou duiwel wil hê. Verveelde mense
sonder veel talent gebruik dan hul skeppende vermoëns om nare
dinge uit te dink om met ander mense te doen, insluitend die
kinders in die omtrek. Dan sit 'n terapeut soos Elsabé later jare met
die probleem. Een kêrel het 'n kindjie in 'n wasmasjien gesit en die
toestel aangeskakel. Doodmishandelde babas en kleuters is ge-
reeld in die nuus. Ek kan nou nie sê dat die geweldplegers almal
werkloos is nie, maar ek kan jou wed daar is 'n sterk korrelasie.

Die ander ding is dat mense minder motivering het om te werk.
Bernard se een kollega in die polisie is 'n enkelma met twee kin-
ders. Sy sê as sy haar werk bedank en by die huis gaan sit, gaan
die staat vir haar méér geld gee as wat hulle bereid is om haar te
betaal vir haar polisiewerk! Die warhoofdigheid hiervan maak
my gek.

Maar laat ek nie in Nieu-Seeland sit en oor politiek kla nie. Hier is baie min korrupsie, redelik min misdaad en as jy die skakelaar druk, gaan die lig aan.

29 Augustus 1999

Bernard se Mormoonse pel het kom speel. Die gawe buurman, wat opsigter is by die plaaslike hoërskool, het die seuntjies vir 'n spin gevat op sy Gator, so 'n mini-Jeepie. Hulle het dit baie geniet. Gesonde pret wat die kinders hier het.

Vanmiddag is ons na North Head, een van die twee vulkaniese heuwels by Devonport. Daar sit die kinders op stukke karton en gly teen die graswalle af. Bernard het heerlik meegedoen. Anna het gerol in die gras.

Die weer was lekker. Ek en Els het ons truie uitgetrek.

Somer hier is heel warm, en omdat Auckland bedompig is, voel jy dit. Maar hy vat sy tyd om te kom. Die lente sloer onder grys lug. September is neerdrukkend, so met die bloeisels en bewolkte weer gelyk. Dis altyd 'n groot mylpaal as jy die eerste dag ná die winter sonder 'n trui kan loop.

31 Augustus 1999

Elsabé het 'n gelukkie losgeslaan en gaan van Oktober tot Desember twee kort kursusse in keramiek aanbied by 'n private kunsskool hier. Ek snuffel en soek, al hoe minder hoopvol, maar nie so dat 'n mens dit juis aan my gedrag sal opmerk nie.

Anna is siek met oorontsteking. Gelukkig betaal die staat kinders onder ses se mediese koste en jy hoef nie te huiwer om die kind dokter toe te vat nie. Selfs medisyne kos niks.

Mediese dienste in Nieu-Seeland is relatief goed. Die gratis sorg vir kinders geld deesdae tot op agttien jaar. Enige mediese koste as gevolg van ongelukke word ook gedek. Selfs as jy as besoeker hier van die vliegtuig afklim en jou flenters val, sal die staat na jou kyk.

Ons het mediese versekering wat spesialiste en hospitale dek, hoofsaaklik omdat jy lank kan wag vir enigiets wat die staat as "elective surgery" beskou. Dis nou goed soos knievervangings, soos wat my pel Ryk Hattingh gehad het. Elsabé en Bernard en ek het almal al 'n draai in staatshospitale gemaak oor onverwagte goed wat verkeerd loop – galblase, blindederms en so aan.

My beurt was laat in 2021, toe ek die wêreld se beste beroerte gehad het – die beste omdat ek vier dae later uit die hospitaal geloop het met geen probleem wat mens op die oog af sou oplet nie. Vandag gaan dit fyn pikkewyn. Of soos Bernard dit vertaal as jy hom vra hoe dit gaan: "Dainty penguin."

In die hospitaal aangekom, sê die een dokter: "Ons sien nie genoeg hiervan nie." Dit was blykbaar 'n ongewone plek in die brein waar die bloedklont vasgesteek het, in die pons, en dit het gemaak dat my oge soos 'n verkleurmannetjie weerskant toe kyk. Die gevolg is dat 'n streep dokters my kom besoek het om hierdie aardigheid te aanskou: 'n Amerikaanse vrou, Indiese man, Viëtnamese vrou, en nog ander wat ek as gevolg van my beneweling nie kan onthou nie. Net 'n enkele Kiwi-man in al daardie tyd. Die hoofdokter was 'n Chinese vrou. Die verpleegpersoneel was byna deur die bank Filippyns. Baie Nieu-Seelandse verpleegsters gaan Australië toe om meer geld te verdien, dan moet die land mense daarvoor invoer.

Wat huisdokters betref, kan jy iemand kies wat jou taal praat, selfs 'n paar Afrikaners. My eerste huisdokter hier was 'n gawe

Kiwi met wie ek tog te lekker kon gesels. Eenkeer sien hy ek lees iets oor Namibië en vertel my hy het die land besoek. Hy haal sy foon uit en wys my sy vakansiefoto's. Toe ek huis toe ry, besef ek ons het so geklets dat hy nooit vir my die voorskrif gegee het waarvoor ek gegaan het nie. Die ou het intussen afgetree. Toe gaan sien ek 'n Jamaikaan uit Brittanje wat ook 'n ruk later aftree, en daarna kies ek vir my 'n outjie van Korea, doelbewus 'n jongetjie, dat hy my kan deurdra tot in die graf.

3 September 1999

Ek wil steeds hier bly en glo dit sal 'n fout wees om nou terug te gaan SA toe. Maar ons geld is bitter na aan op en ek sal eenvoudig moet gaan waar daar werk is. Dus soek ek nou maar daar ook. Dit sal ten minste vir Elsabé heppie maak.

Hier het ons op die oomblik nie soveel pret as wat ek graag wil hê nie. Mens hou maar aan jou geld vas en ons kar laat ons nie toe om ver ente te ry nie. Dis sal vir my vrek jammer wees as ons teruggaan en in 'n jaar se tyd net drie keer uit Auckland gekom het – en dit nie eens baie ver nie. Elsabé het sedert ons hier gekom het, net een keer gaan uiteet – dis nou buiten McDonald's en Pizza Hut en daai klas ding met die kinders. Ek het darem nog 'n keer of drie saam met werksmense uitgegaan. Ons het albei een keer in die aand gaan fliek. As mens die goed so tel, klink dit darem baie neerdrukkend.

10 September 1999

Ek het maar die wiele aan die rol gesit om in die Kaap werk te probeer kry. Een aanbod sover, maar veels te min geld om op te oorleef. Intussen stook ek maar die vure hier ook. Dit voel

my egter ek het nou al die stene aangeroer en daar is nie meer
vir my veel te doen behalwe om te hoop vir 'n wonderwerk
nie – en dié metode het tot dusver nie gewerk nie.

Die seisoene verander merkbaar. Hulle haal die rugbypale
af en begin krieketvelde uitlê.

Hier is veel wat ek sal mis as ons teruggaan. As jy in Taka-
puna se biblioteek is, kyk jy uit oor die strand. Die kinderhoekie
het speelgoed en tamaai teddiebere vir die kinders. Buite is
daar bome en gras en groot rustigheid.

Maar daar is ook goeie goed daar in SA waarop ek maar sal
moet konsentreer so goed ek kan.

Jy het 'n waar ding gesê dat ek nie veel van NZ gesien het
nie, maar wel iets van die wêreld. Dis vir my baie bemoedi-
gend, omdat dit die besef tuisbring dat die hele ervaring tog
groot waarde had. Dit sal 'n onuitwisbare merk op my lewens-
houding laat. Soos mens jou vrees vir die donker verloor, kry
die lewe meer kleur.

Auckland se stadsbiblioteke verdien verdere vermelding. Jy kan
35 boeke op 'n slag uitneem, vir vier weke. Kort ná ons aankoms
vra ek eenkeer of hulle 'n spesifieke boek het – die miskende mis-
daadskrywer Charles Willeford se outobiografie. Nee, sê die biblio-
teekassistent, hulle het hom nie, maar moet hulle hom vir my
aankoop? Wat hulle toe ook doen.

Daar is omtrent altyd in die voorportaal 'n trollie vol boeke
waarvan hulle ontslae wil raak, en jy kan vat wat jy wil. So staan
my rak vol boeke met biblioteekstempels in. Nou en dan hou hulle
uitverkoping. Daar het ek Chris Barnard se *Mahala* vir vyftig sent
gekoop. My plaaslike biblioteek het tot 'n jaar of drie gelede so
drie of wat meter se rakspasie aan Afrikaanse boeke gewy, maar

dié is glo nou elders beskikbaar. Ek het pas aanlyn gekyk, en hulle het vyf van my romans in Afrikaans, benewens die Engelse goed.

15 September 1999

Nadat ek 'n betreklik moedelose respons of twee gekry het op my navrae oor werksgeleenthede in die Kaap, het ek begin dink oor my en Elsabé se diverse sysate en hul wederhelftes. Hier is die statistiek.

Daar is sestien mense ter sprake. So tien jaar terug het vyftien van ons gewerk. Die ander een het sedertdien vir 'n jaar of drie gewerk. Tans lyk die stand van sake so:

    1 afgetree
    6 werk
    4 werk, maar is onderbenut of doen iets eenvoudigs buite
        hul beroep
    5 is werkloos.

Jy kan 'n Russiese roman skryf oor die lot. Net jammer daar is nie iemand in die familie wat 'n boek geskryf kan kry nie.

As ek van hier af na kennisse se lewens in Suid-Afrika kyk, is daar talle van hulle wat lekker lewe op 'n manier wat my besluit om te emigreer belaglik laat lyk. Maar ek sien ook ander wie se lotgevalle van die vrese bevestig wat my landuit laat wyk het. In watter groep ek sou geval het, weet ek natuurlik nie.

18 September 1999

Dis die aand van 'n lekker Saterdag waarop ons Jan Tuisbly se befaamde 4x4 beproef het.

My pa het vanoggend gebel. Sy vierde oproep in die dertien maande dat ons hier is. Hy het ook glo 'n brief op pad – sy tweede. Ek waardeer sy besorgdheid. (Ek's nou nie sarkasties nie – ek waardeer dit regtig.) Hy vertel my dit gaan so vrot daar en ons moet tog probeer om hier te bly, wat vir hom 'n nuwe deuntjie is.

Later het ons die tuin ingevaar. Dit kom mooi aan. Plante groei vinnig hier, ondanks die swak grond. Die grond is soos sement – in die winter soos nat sement en in die somer hard soos sement wat geset het.

In die namiddag het Bernard by die bure se kind gaan speel. Anna het oudergewoonte met haar bottel op die bank gaan lê en na tapes van Liewe Heksie geluister. My oudste suster het vir ons 'n klomp Afrikaanse storie-tapes gegee van haar kinders af, en dis 'n lewensredder hier.

Bernard het terloops gister by dieselfde kind gespeel. Hulle sit toe op die trampolien (omtrent al die kinders hier het trampoliens) en daar glip Bernard se alie deur die opening tussen die springs en hy hang hulpeloos daar met sy arms, bene en kop wat bo uitsteek en sy agterent grondwaarts. Hy en die ander outjie lag toe so dat Bernard sy broek natpie.

Dit maak my bly dat my kind sulke plesiere ken. Dit het nou nie noodwendig iets met NZ te doen nie, hoewel hier weliswaar in die algemeen baie geleentheid vir gesonde pret vir kinders is.

Dis nie onmoontlik om in Australië in te kom nie. Ek gaan dus maar my portefeulje daarheen ook stuur. Daar is meer werksgeleentheid as hier. Maar seker ook meer kompetisie.

27 September 1999
Ek en Elsabé het besluit om hier te bly, tensy daar 'n geskikte werk iewers anders opduik. M.a.w. om nie sonder werk terug

te gaan Kaap toe nie. Al word ons so arm hier dat ons nie meer met ons kontant kan teruggaan nie. Intussen soek ek onverpoosd werk – hier, daar en oral.

Elsabé het lasagne gemaak vir die Joego-Slawiese gaste wat ons vir die aand genooi het. Die aand was redelik suksesvol, al kommunikeer mens soms maar swaar. Die ouma was ook daar, en haar Engels is maar baie beperk. Hulle het dus by tye getjarra-tjarra aan die een kant van die tafel en ons doen dieselfde aan die ander kant. Die ouma veral het soms vergeet dat ons haar nie verstaan nie. Sy is 'n grand ou vrou. Haar seun is 'n sportman wat vir onderwyser geleer het, maar vir die oomblik taxi bestuur. Sy vrou is 'n elektrotegniese ingenieur, maar kan nie haar soort werk hier kry nie. Dus doen sy nou 'n rekenaarkursus.

Ek skuld my gesin veel, en sal moet werk dat dit bars om te doen wat reg is teenoor hulle, veral ou Elsie. Ek het my beloftes rondom die trek hierheen een vir een gebreek, nood-gedwonge, dink ek, omdat ek nie kon voorsien hoe swak dinge sou uitwerk nie.

Dit help nou nie om te kla oor wat weg is nie. Dis nou die situasie, en hiermee moet ek maak wat ek kan.

Ek sal hopelik nie meer vir jou soveel stres gee met my worries en horries nie. Dankie vir jou geduldige oor.

Waar jy lank bly, het jy vriende, mense wat jy op skool of uni-versiteit of by die werk ontmoet het, en mense wat jy weer deur daardie mense leer ken het. Kom jy in 'n vreemde land, moet jy van voor af mense leer ken. Eers is dit 'n geselsie of drie op neu-trale terrein, en dan nooi die een die ander huis toe vir 'n kuier.

Eerstens is daar die probleem dat baie Kiwi's op Britse wyse na aandete verwys as "tea". Nooi jy dus iemand vir "tea", wil jy 'n koppie rooibos en 'n Marie biscuit aanbied, maar hulle dink hulle kry 'n bord kos. En omgekeerd. Ons moes leer om uit te klaar wat ander mense bedoel en duidelik te maak wat ons bedoel.

En dan moet 'n mens seker maak jy's op jou sokkies as jy by Kiwi's wil kuier . . . letterlik, want baie mense verwag dat jy jou skoene by die voordeur moet uittrek. Dit was vir my 'n vreemde gebruik, maar ek meen dis algemeen in die Ooste en op die Pasifiese Eilande. Of Kiwi's dit uit kulturele oorwegings doen of bloot om modder van hulle matte af te hou, sou ek nie kon sê nie.

Maar selfs sonder hierdie eienaardighede kan so 'n kuier maar 'n ongemaklike affêre wees.

Ek onthou 'n aand met Koreaanse mense, die ouers van 'n kind wat saam met Anna in die speelskool was. Die vrou was 'n pianis by wie Elsabé groot aanklank gevind het, die man 'n dirigent. Hy het hier as skoonmaker gewerk. Die aand bied ons vir hulle kos aan wat seker vir hulle volksvreemd was. Agter ons spring Anna en die seuntjie op 'n ou rusbank waarop ons dit toelaat. Die seuntjie spring en spring totdat hy opgooi, tot sy ouers se verleentheid. Hulle was ondanks die kultuurverskille mense met wie ons vriende sou kon raak, reken ek, maar hulle is toe weg Australië toe – soos die bogenoemde Joego-Slawe terloops ook.

Die uittog van hier na Australië is iets waarmee 'n mens saamleef. Tans gaan Nieu-Seelandse polisie in hulle honderde Australië toe vir 'n hoop meer geld. Ons verpleegsters is omtrent almal reeds daar. Maar die Kiwi's sê goedig dis okay – elke keer as 'n Kiwi Australië toe trek, gaan die gemiddelde IK in albei lande op!

Op een van haar ekskursies saam met Anna doer in die vroeë maande ontmoet Elsabé 'n vrou wat na ons soort mens lyk, blykbaar 'n heel bekende aktrise hier rond, en sy nooi die mense vir ete.

Voor die tyd is ons gespanne, want ons wil 'n goeie indruk maak. Dis die eerste keer dat ons Kiwi's oornooi en boonop is dit mense met wie ons, so dink ons, dalk goeie vriende kan word. Net voordat die gaste kom, gooi Anna haar sap oor die koffietafel in die sitkamer uit. Ek probeer keer, maar te laat. Elsabé is ontsteld dat daar nou so 'n gemors is, en laat my goed verstaan dat ek nie my kant bring nie. My wederhelf is passievol van aard en kan wóés wees. Terwyl sy my skel en ek terugblaf en Anna verskrik tussen ons staan – die arme kind het seker gehuil ook – kyk ons op en daar staan die gaste by ons in die sitkamer!

Ons het hulle nie hoor klop nie en Bernard het vir hulle oopgemaak. Nou kom hierdie verfynde mense by 'n betreklik beskeie huisie aan en die man en vrou staan en skree in 'n vreemde taal op mekaar en heel moontlik op die arme kleuter ook. Ons was te diep in die verleentheid om ooit daaruit te kom. Toe die mense die aand groet, het ons geweet ons gaan hulle nie weer sien nie. En ons het nie. Behalwe op die silwerdoek – die vrou was in die fliek van *The Chronicles of Narnia*.

29 September 1999

Ek en ou Elsie laat mekaar lag.

Ek het saam met 'n ou genaamd Ockie gewerk. Hy was aldurig vrot van die snot. Vanoggend snotter ek en merk op ek is nou die arm man se Ockie. Elsabé sê nee, jy is net die arm man . . .

Snags lê ek paniekbevange wakker en dink ek sal wat ek nou het graag wil ruil vir als wat ek 'n raps meer as 'n jaar gelede gehad het, toe ek stadig besig was om dieper in die skuld te raak daar in Mowbray. Ek wil weer worry oor goed soos wanneer ek 'n beter kar kan koop, hoe ek geute gaan regmaak en sulke alledaagse stront.

3 Oktober 1999

Vanmiddag het ons oor die bult gery en in 'n ander stuk bos gaan stap as die gewone. Ek het geen werk waarvan ek weet nie, vir die eerste keer vandat ek so noodgedwonge begin vryskut het.

Ek het PR-maatskappye ook genader oor moontlike skryfwerk. Donderdag het ek 'n baie goeie creative director gesien. Hy was vol lof oor party van my idees en oor die algemeen heel simpatiek. Hy het genoem hy sal my dalk op 'n vryskutbasis wil inkry.

So hoor ek die een storie na die ander.

7 Oktober 1999

Sover het ek vandeesweek presies twee uur se werk gehad, en dis al Donderdag. My slegste week sover.

Ek praat met mense, my stem opgewek en kamma hoopvol. (Elsabé sê dit irriteer haar vreeslik om my so te hoor.)

Dis vandag ons anniversary, nadat ons mekaar verkeerdelik Dinsdag oor en weer gelukgewens het. Beste ding wat ek ooit in my lewe gedoen het, om met die vrou te trou.

Snaakse ding, ek raak al hoe meer magteloos, maar voel al hoe sterker. Kompenserende fantasie? Dis 'n vormende ervaring dié, soos als seker, maar darem meer ingrypend as die gewone. In terme van lewensbeskouing beïnvloed dit my. Maar wat lewensbeskouing beteken as jy in die ry staan vir jou trein-kaartjie, of onder 'n boom sit, of 'n pap band omruil, by die bank instap of enigiets in die wêreld doen, weet ek nie.

Daar is fiksie en drome en virtual reality en flieks . . . maar op die ou end hang jou lyf iewers en asemhaal, en daardie werklikheid kan al die ander wegvee.

Ek hoop ek kan die stukke optel en die game verder speel, soos al die ander fools oral. En ek hoop my vrou sal weer uit haar hart uit lag. En dat ek weer 'n bier kan drink en prego steak eet saam met my pelle. En dat ek minder kere soos 'n poephol sal voel.

'n Nare eienskap van my is ek soek goedkeuring. Dit maak my kruiperig, klaerig en verskonend. Slegte basis om dinge op te bedryf, want die maatstaf van jou sukses en rede vir jou geluk staan dan buite jouself.

Maar daar is goed wat jy in jou kop weet, wat jy nie deel van jou persoonlikheid kan maak nie. En dis die proses wat soms so lank en moeisaam is, om die lesse te leer wat jy eintlik reeds "ken".

So praat ek nou maar soos 'n pad oor die vlakte, en hoe die pad ook al loop, die son skyn dieselfde.

Die tema van goedkeuring soek, het al in 'n vroeëre e-pos gefigureer. 'n Klompie jare gelede raak hierdie gewroeg te veel vir my, en ek gaan sien 'n sielkundige. So gesels ons week ná week en dis hoe ek voel ook – week. Hy sê wat hy doen, is hy help jou om die rugsak vol probleme waarmee jy daar aankom, uit te pak, en dan terug te pak op 'n manier wat dit makliker maak om te dra.

Die onderwerpe van daardie gesprekke het op die ou end neerslag gevind in my boekie *Die onsigbare pou*, met sy tema van erkenning. 'n Slim vrou wat ek op my laaste besoek aan Suid-Afrika ontmoet het, het opgemerk dat die soeke na erkenning 'n deurlopende tema is in baie van my werk – iets wat vir my nuus was, maar nie verbasend nie.

Wanneer jy landuit trek, trek jy nie weg van jou inherente probleme nie.

9 Oktober 1999

Hier in Auckland is nie klippe nie, net kleibanke. En mens mis die ding van tussen klippe en son wees. Maar hier is 'n ander soort mooi waaraan 'n mens baie geheg kan raak, dink ek. Jy kry 'n soort woud wat mense liewer in 'n kouer klimaat verwag. En hier waar ons bly, is daar oral stukke daarvan. Dis nie ongerep nie, maar jy kan lang ente loop sonder om rommel te sien. Goed die helfte van die kere wat ek hier in bosse gaan stap het, het ek geen ander mense teëgekom nie. Andersins een of twee. Dis iets wat ek nou maar geniet.

'n Interessantheid oor wandelings in die woude hier in Auckland rond is dat jy in werklikheid in 'n tonnel loop, met boomstamme en varings weerskante en takke en blare bo. As jy ver loop, is dit wat jy ná tien tree sien dieselfde as wat jy ná tien minute sien. Dis net in die berge of op landbougrond wat jy 'n uitsig het. Dié dat ek jare laas in 'n bos gaan stap het.

Een van die land se groot pluspunte is die talle lang wandelpaaie. Mense gaan stap vir 'n dag of vyf iewers in die berge of langs mere. Ek doen dit nie, want ek is lui en sien nie kans om 'n oornaghut met vreemdelinge te deel nie. Dan klim die Kiwi's graag berge uit of ski bergaf. Hier is talle skivelde.

Visvang is groot. Baie mense besit 'n kajak, skuitjie of boot van die een of ander aard. Seiljagte is nie net vir ryk mense nie, veral in Auckland waar die beskutte Hauraki-golf beteken jy kan 'n dag lank reguit seil sonder om die oop see te moet trotseer. In ons betreklik klein kring van kennisse is daar drie egpare met seiljagte en dis nie noodwendig mense met hope geld nie. Kort-kort vaar hulle weg en gaan luier by diverse eilandjies en baaie.

As gevolg van die baie buitelug-aktiwiteite sien jy nogal gereeld

nuusberigte van mense wat in die see of berge omkom. Hier ver-
drink so negentig mense 'n jaar uit 'n bevolking van vyfmiljoen.

17 Oktober 1999

Hier het ons vandag ons eerste braai van die somer gehou.

Ek moet werk die naweek, waaroor ek nie kla nie, want werk
beteken geld. Ná drie stil weke het ek skielik 'n paar projekte.

Elsabé het gister haar eerste kunsles gaan gee. Voor die tyd
was sy gespanne. Ná die tyd wroeg sy.

'n Insig wat ek 'n tydjie terug hier gehad het oor ons situasie:
Dit gaan goed met ons. Ons het net nie geld nie. En dit is 'n
waardevolle ding om te besef.

'n Kenmerk van somer hier is die vlieë. Party mense laat hulle
huise in die lente bespuit om vlieë te bekamp, maar ons het nog
nie. Die reuk van vlieëgif is vir my erger as die vlieë self. Dus pak
ek maar die plak en slaan links en regs. Ek luister maar so na die
manne as ek mense sien, en dit klink my dis 'n heel algemene
tydverdryf hier rond. Jy kry 'n geweldige gevoel van satisfaksie
as jy ses, sewe vlieë doodbliksem en dan in jou kombuis staan
en jy sien nie 'n enkele roerende spikkel nie. 'n Gebore jagter,
dit is ek.

Uit ons kombuis kyk jy af oor die tuin, en dan die bure se huis.
Daar bly onder meer 'n ou Koreaanse omie met wie ons in al die
jare nog net een keer gepraat het, via 'n tolk, om die heining tus-
sen ons te herstel. By hulle sitkamer is 'n skuifdeur wat in die
somer altyd oopstaan en ons kan so skuins van bo af by die huis
inkyk. Eendag kyk ek daai kant toe en sien, perfek omraam, 'n
prentjie van die omie wat gebukkend vorentoe sluip met 'n vlieë-
plak omhoog. En net daar is ons één in ons mensheid, skouer aan
skouer teen 'n ander spesie.

Een van die beter storie-idees wat ek gekry het, is dat aliens al lankal tussen ons lewe, maar hulle lyk net soos huisvlieë en niemand kom agter dat 'n vlieënde wese uit die buitenste ruim pas in jou piering geland het nie.

26 Oktober 1999

Jy vra of ons "beplan" om terug te kom. Die woord laat dit so doelmatig klink. Dis meer soos 'n benoude gat wat benoude spronge maak. Ons het plek bespreek vir 13/14 Desember, one way. Die ding is dat ek nie verwag om van dan tot einde Januarie hier vryskut te kry nie. En teen daardie tyd is ons geld op. As hier betyds uitkoms is, kanselleer ek die vlug. Maar die kans is skraal – eintlik net ek wat myself mislei.

Ek verkies om nie in SA te bly nie en Elsabé wel. Ons is egter albei bereid tot kompromis. Dus laat ek nou maar voorlopig die emosionele tersyde en kyk net na die praktiese. Die keuse is, soos ek dit in die eenvoudigste terme uitgelê het:

Wees platsak in Desember in die Kaap, werkloos, maar darem met die hoop van onontginde moontlikhede.

Wees platsak in Maart se koers hier, met 'n te klein inkomste en min hoop op vaste werk.

Dis 'n moeilike keuse, om die minste te sê. Om daaroor te dink en praat help nie eintlik nie. Dit bly alkant 'n onsmaaklike vooruitsig.

So kan ek aangaan en moontlike scenario's skets. Maar wat die sin daarin is, weet ek nie.

Ek is op die oomblik redelik terneergedruk en in der waarheid lus vir niks behalwe 'n vakansie van die gemors af nie. Dis niemand anders se probleem of bekommernis as myne en Elsie s'n nie. En ek wil nou ook nie hê enigiemand moet hulle hieroor verknies nie. Dit sal seker als op die ou end goed genoeg uitwerk. Dis die stuk tussen nou en dan waarteen ek opsien.

29 Oktober 1999

Ek het vanoggend somme gemaak. Tensy goed hier verander, is dit nou beslis ons laaste kans om als terug te karwei SA toe.

As ek 'n wilde raaiskoot moet waag, sien ek jou voor Kersfees. Jy sal my ken, want ek sal 'n stuk karton om my nek dra wat sê: PLEASE HELP. 2 SMALL CHILDREN. NO JOB.

Ons het Sondag gaan kuier by die vrou wat die kunsskool het waar Elsabé klas gee. Sy en haar man woon by Piha, een van die wilde weskusstrande, so 40 km van Auckland se middestad af. Dis 'n ongelooflike uitsig wat hierdie mense het. Verbeel jou 'n plek meer afgesonderd as Bettiesbaai lê daar by Houtbaai en jy kry 'n idee.

Die Maandag, wat 'n vakansiedag is, gaan twee SA immigrantegesinne daar by Piha swem. Die twee pa's sien hul dogters is in die moeilikheid en gaan in om die kinders te red. Toe kom die kinders uit en albei pa's verdrink.

Soos die storie van die afspraak in Samarra, kan 'n mens nie noodwendig jou lot ontkom deur ver weg te gaan nie. My hart bloei vir die mense oor wie ek hierbo skryf, en ander wat hierheen kom en ongeluk op die lyf loop.

Iets aakligs kon hier ook met ons gebeur het, dit weet ek. Al wat 'n mens kan doen, is om die omstandighede sover dit in jou mag is te plooi soos wat dit vir jou op daardie tydstip die beste lyk. Partykeer is dit nie genoeg nie.

Toe mense my voor ons trek uit Suid-Afrika daarop wys dat

slegte lotgevalle jou oral kan tref, was my verweer: Party mense word in hulle driveways doodgery, maar dit beteken nie jy kan nou maar net sowel op die snelweg piekniek hou nie.

4 November 1999

Ons is steeds op hete kole. Ek het so 'n paar dae terug vir Elsie gesê sy moet maar besluit, ek sal doen wat sy sê. Sy dink twee, drie dae lank. Vanoggend sê sy sy het die antwoord: Ek moet besluit, dan sal sy doen wat ek sê!

En so gaan ons aan.

Een denkrigting sê as mens nie seker is nie, moet jy maar hou wat jy het. Maar ek dink ook ek sal makliker werk kry in die Kaap en Elsie sal gelukkiger wees. En dit sal 'n einde bring aan hierdie ondraaglike hinkepink. (Wat jou ook seker al gek maak – jammer, jong.)

Aan die ander kant is daar tekens dat ekonomiese oorlewing hier dalk tog nie onmoontlik is nie. Ek het aanvaar dat die antwoord vir my dalk nie een job is nie, maar vier of vyf deeltydse goed.

Elsabé het gister die kiln verkoop, wat 'n wit olifant geblyk te wees het, na al die moeite. Hy kan nie warm genoeg bak vir die soort glasuur wat sy wil gebruik nie. Intussen het die vrou by die kunsskool by wie Elsie aanklank vind, haar gevra om twee kursusse aan te bied oor die vakansie.

Ons het reeds uitstel gekry met die vliegkaartjies.

As ek dink hoe moeilik dit hier gaan, wil ek net terug. As ek dink hoe dit daar gaan, geweldsgewys, dan wil ek net hier bly.

5 November 1999

Ek het deur die nag besluit ons moet maar terug. Vanoggend plaas ek die nodige geld oor na my tjekrekening toe en ry

hier weg om die vliegkaartjies te gaan koop. Op pad stop ek
by die werk. Net daar begeef my moed my. Sal ek al die
opofferings wat ek reeds gemaak het, ongedaan kan maak?

Die kaartjies is nog nie gekoop nie. Toe ek vir Bernard
hiervan vertel, sê hy: "Jy is embarrassing."

Dis Guy Fawkes hier gewees. Ons was by Anna se skooltjie
vir 'n vuurwerkvertoning. Daar was 'n blinde seuntjie ook,
seker so vyf. Sy ma het hom in die voorste ry laat sit. Sy
handjies wriemel heeltyd. Sy het vir hom sterretjies gegee
om vas te hou, jy weet mos, daai sparkles. As hy dit vashou,
hou hy dit naby sy melkblou oë. Die vonkies skiet teen sy
gesig. Hy waai met die sterretjies soos sy ma vir hom wys.
Dan is die goed klaar geskiet, dan waai hy nog. Uiteindelik
vat hy aan die stafies om te voel of hulle al koud is. Probeer
jou indink 'n blinde kind se ervaring van 'n vuurwerk-
vertoning. 'n Gesuis en geknal, mense wat jil en die reuk
van rook.

Hierdie kind bly my nog al die jare by. Dis soos ek meermale
hier gevoel het, of ek in 'n situasie is waar dinge gebeur wat ek
nie toegerus is om te verstaan nie. Een aspek daarvan is dat ek as
wit mens in die apartheidsjare grootgeword het in 'n bestel wat
ingestel was op my behoeftes. Wat ek hier kom aantref het, is
'n bestel waar my welsyn niemand kon skeel nie, totdat ek eers
arm genoeg is om aalmoese van die staat te ontvang. Dit moes
nie 'n ontnugtering gewees het nie, nietemin was dit. Buiten die
Kiwi's se manier van doen, wat veral aan die begin soms vir my
onverstaanbaar was, het ek onbegrypend gestaan voor my eie
vrou se emosies.

13 November 1999

Op die oomblik probeer ek nie te veel oor ons vooruitsigte worry nie. Die kaartjies is immers gekoop en wie weet wat kan nog alles gebeur? Die mense in Doebai kyk na my goed en ek het uit die Kaap gehoor dat kennisse daar navraag doen namens my. En dan het ek hier 'n advertensie in die koerant gesien. Dis kopieskrywer by 'n wynmaatskappy. Ek moet hulle Donderdag gaan sien. Snaakse gedagte, maar ek sal gaan kyk. Intussen lees ek op oor wyn.

Anna is siekerig, omdat sy daarop aandring om heeldag in die koelste somerrokkies te loop, ongeag die weer. Sy is opvreetbaar oulik op byna drie. Mense in winkels vergaap hulle, soos mense maar doen, en merk op hoe "gorgeous" sy is. Ma en Pa is trots. Bernard het in 'n nuwe stadium inbeweeg, dié van langbeenseun. Hy is betreklik lomp en kry dit reg om homself te beseer deur bv. op sy duime te gaan sit.

Hoe lomper sy lyf word, hoe vlugvoetiger raak sy brein. Eendag toe ons vir Bernard berispe oor iets, kap hy terug met nog een van sy onsterflike stellings: "Don't always judge me by what I usually do." Dit het 'n refrein in ons huis geraak.

22 November 1999

Ek is stil omdat ek nie weet wat om te sê nie.

Sake staan so: Ons kaartjies is bespreek vir 13/14 Desember. So ook Pickfords en al sulke dinge. Intussen wag ek om te hoor van die werk by die wynmaatskappy. Flight Centre, Pickfords en die landlady het almal gesê ons kan nog tot Maandag se koers kop uittrek sonder enige kansellasiefooie of ander probleme.

As ons terugkom, sal ons by Elrena-hulle intrek. Hul plek op Stellenbosch het twee ekstra wooneenhede. Hulle gaan oor Kersfees weg, dan gaan ons die plek en hul hond oppas, met gebruik van hul kar en so aan.

Kan jy glo, hier is in die laaste twee weke DRIE skryfjobs geadverteer, en hulle soek by *NZ Herald* subs wat op Atex kan werk . . . Dis nou dat ek nie meer tyd/geld het om te wag en te sien wat word nie. Dit maak my lus om nog 'n rukkie uit te stel, maar dis presies wat ek die afgelope jaar doen, en 'n mens kan seker nie so uitstel-uitstel aangaan nie.

Ewenwel, ou pel, ek is nogal moeg en sat, verslae en verslane en so aan. Volgende jaar byt ek weer die stang vas, en dan dans ons van voor af.

Atex is 'n uitlegstelsel vir koerante wat ek in my dae by *Beeld* en *Die Burger* gebruik het en wat eers later hier in Nieu-Seeland uit-geslaan het. Selfs Australië was effe agter. Toe ek in 1996 in Australië is om die plek uit te kyk, ontmoet ek 'n Suid-Afrikaanse joernalis wat daar werk gekry het omdat hulle mense gesoek het wat Atex kan gebruik. Min wetende dat dit jou maar net 'n dag of drie vat om die basiese te leer. Hulle kon hul eie mense mak-lik opgelei het. Daai ou het nie gekla nie – dit het sy immigrasie moontlik gemaak.

Toe hulle ons Atex leer gebruik het, in my dae by *Beeld* in die vroeë 1980's, was dit in groepies van agt mense of so. Elkeen het 'n aanmeldnaam gehad. Myne was ZIRK. Die instrukteur vertel ons hoe om iets te doen en gebruik my as voorbeeld. Maar die sportskrywer Herman Hüsselmann haak heeltyd vas. Hy volg die instruksies, maar dit werk nie vir hom nie. Toe die instrukteur op sy skerm gaan kyk, sien hy die fout: "Jy's nie ZIRK nie, jy's HUSSEL."

Hussel met rooi ore. Ek moet byvoeg dat ek hom geensins verkwalik dat hy gedink het Zirk is 'n rekenaarterm nie; dis 'n ongewone naam en ons almal was totaal onbeholpe tydens ons eerste interaksies met rekenaars van enige aard.

Hoe ook al, die moontlikheid van verdere werksgeleenthede in Auckland was nie die ding wat my planne om terug te trek Suid-Afrika toe gefnuik het nie. Dit was iets wat iemand in Kampsbaai gedoen het.

30 November 1999

Ons gaan nou nie meer oor twee weke terug nie.

Maandag moes ek die vliegkaartjies gaan optel, en was voornemens om dit te doen. Voor die tyd bel Elsabé my om net seker te maak dat sy nou met Pickfords moet bevestig. Daar raak ons aan't praat en ek sien terselfdertyd op die internet van die bom in Kampsbaai en . . . Nou ja, als is vir eers gekanselleer.

Daar is sin in om tot Augustus hier te probeer bly. Dan kry ons permanente visums om terug te trek hierheen, en bereik ek die een doel wat ek gehad het met die koms hierheen – om 'n agterdeur vir ons oop te maak as ons ooit uit SA wil gaan. Hoewel ek moet sê ek kan skaars sien wat Elsabé sal beweeg om SA ooit weer te verlaat. Burgeroorlog of erger sal dit moet wees. Hoe ook al, met daardie visums het ek darem 'n stukkie papier om te wys vir die opoffering sover.

Ek het drie werksaansoeke hangende hier.

NZ het die naweek verkiesing gehou (hulle doen dit elke drie jaar) en nou is daar 'n nuwe regering. NZ het nou waarskynlik 'n nuutjie in die wêreld, nl. 'n vroulike parlementslid wat voorheen nie net 'n man was nie, maar boonop 'n manlike prostituut!

As mense met verblyfreg kon ons in hierdie verkiesing gaan stem. Ons het nie, want ons het toe nog te min van die plaaslike politiek verstaan. Die verskille tussen partye hier maak minder saak as in Suid-Afrika. Die twee grootste partye, wat beurtelings regeer – gewoonlik vir so ses of nege jaar op 'n slag – stem in die breë ooreen. National is meer pro-besigheid; dan raak die ekonomie beter en die staatskas vol, en die mense op welsyn mor en stem dat Labour moet oorvat. Labour is meer pro-welsyn, en dan gee hulle die geld wat die vorige regering gemaak het vir die armes totdat die ekonomie te swaar kry, en dan sukkel mense met lewenskoste en kies hulle weer vir National. As dit erg simplisties klink, is dit seker omdat ek so min daarvan verstaan of daarin belang stel. Hier kan jy politiek grootliks ignoreer in die wete dat niemand die land onherroeplik gaan opfoeter nie. Wat my goed pas.

Die stelsel is boonop so ontwerp dat koalisieregerings aan die orde van die dag is, wat kleiner partye seggenskap in die regering gee om van hulle beleidsrigtings toe te pas. Die groen party en 'n nogal libertynse party het in die 2023-verkiesing elk so tien persent van die stemme getrek, die twee grootste partye elk drie of vier keer soveel.

My eie politieke houding word nogal goed opgesom in 'n grappie wat my pa graag vertel het. Dis oor 'n man wat skipbreuk ly en aan 'n onbekende kus uitspoel. Wanneer die plaaslike inwoners hom optel en lawe, vra hy: "Wie is in beheer hier? Ek is teen hulle."

Buiten daardie eerste verkiesing in Nieu-Seeland het ek nog elke keer gaan stem as ek kon, en nog nooit vir enige party wat 'n kans het om te wen nie.

10 Desember 1999

Ek werk soos 'n *beus* die laaste tyd. Dit gaan skielik dol.

By die wynplek is ek nou een van die laaste twee oorblywende aansoekers, en moet Maandag vir 'n derde onderhoud gaan. Nie werklik 'n onderhoud nie, glo iets soos psigometriese toetse. Hulle wil aanstaande week vir iemand 'n aanbod maak. Die pos self en geld is nie juis aanloklik nie.

'n Paar huislike hoogtepunte:

Anna het vandag die klank "r" gesê. Sy kan knope vas- en losmaak en tel in Afrikaans en Engels tot tien. Sy praat heel verstaanbare Engels. Sy loop hier rond en sê kort-kort in die niet in: "I have no idea."

Ons het vandag na byna 16 maande die kar se CV joints laat vervang. Jy kan nou draai sonder dat hy klakke-klakke gaan.

Teen hierdie tyd, glo ek, het enige leser al die patroon van ons lewe destyds agtergekom: 1. Raak opgewonde oor die moontlikheid van werk. 2. Kry nie die werk nie. 3. Wonder of ons moet terugtrek Suid-Afrika toe. Oor en oor. Intussen werk ek 'n bietjie hier, 'n bietjie daar.

20 Desember 1999

Ek sit hier en wonder waarom ek die besluit om hier te woon oor en oor moet neem. Dis nie asof dit iets is wat verbygaan en dan kan ek aangaan nie. Hoekom ek nou vir die soveelste keer moet besluit, is dit: Ek het 'n werksaanbod van Montana Wines gekry. Die werk is maar so-so, seker vergelykbaar met wat ek agt jaar gelede vir Sanlam gedoen het, en die salaris is te laag om ons op sigself aan die gang te hou.

Daarteenoor staan die aanbod wat ek by Deon Meyer in die Kaap gekry het. Ewe veel/min geld. Lekkerder werk met meer toekomsmoontlikhede. Maar dis in SA, waar ek nie eens wou gebly het toe dit goed gegaan het nie.

Ek was dalk toe verkeerd, gee ek toe, maar hier's ek nog steeds tussen die duiwel en die diep blou see.

Gister laat weet die stadsraad my aansoek daar was nie suksesvol nie. Ek het glo nie genoeg skryf-flair nie . . .

Oor die pos by die Aucklandse stadsraad: Ek is daar vir 'n onderhoud en die vrou vertel my hulle soek iemand met skryf-flair. By die stadsraad. Ek sê ek het al boeke geskryf. Sy luister nie, haar oë blink: "Een van ons ouens hier is besig om 'n boek te skryf!" Ek het al boeke geskryf, probeer ek haar weer laat verstaan. "Hy is so talentvol!" En bla-bla-bla. Ek wonder wie het toe die werk gekry. Ek vermoed dit was dalk daai Willy Shakespeare.

In elk geval, so gaan ons toe ons tweede Kersfees in Nieu-Seeland tegemoet. Dié keer het ons dit tuis gevier, en 'n begin gemaak met 'n ritueel wat metterjare al hoe meer vastigheid sou kry. Sonder familie in die nabyheid het ons maar altyd die kinders bederf met geskenke. Hier was niemand anders wat vir hulle iets sou gee nie. Vader Krismis het nie 'n budget nie, en die kinders kon min of meer kry wat hulle begeer.

Een van die gevolge hiervan is dat hulle baie jare lank in Kersvader geglo het. Toe Bernard al twaalf was, kuier ons oor Kersfees in Suid-Afrika en 'n vrou wat ons ken, reken dis tyd dat sy die stomme kind van sy illusies red. Die onthulling laat hom totaal ontredderd en die outjie het hulp nodig. Ek vat hom toe na 'n speelparkie toe, een by Runkelsingel in Bellville waar ek in my kinderdae gespeel het, en verduidelik met soveel deernis as wat ek kan dat Kersvader 'n opgemaakte storie is wat ouers vir hulle kinders vertel ter wille van die betowering wat dit in hul lewens bring. Een van die seker pilare in Bernard se lewe het omgefoeter en dit vat 'n lang, lang tyd voordat hy kalm raak. Uiteindelik sê hy vir my hy verstaan dit so, maar ek moet hom één ding belowe: Om nie vir sy sussie die waarheid te laat agterkom nie. Ons kom so ooreen, en begin aanstap huis toe, pa en seun. As so 'n laaste troosgedagtetjie sê ek vir hom: "Aag, jong, Vader Krismis is sommer opgemaak; hy's maar nes die Tandemuis en die Paashaas." Waar steek daai kind in sy spore vas! Paniek in sy oë. "Is hulle óók nie waar nie?!" En ons is terug in die diepste ontsteltenis.

Kersfees hou al jare lank geen verrassings in nie. Wat gebeur het met ons Kersetes in Nieu-Seeland, is dat elke keer wanneer Elsabé 'n dis maak en dit byval vind, sy dit volgende keer weer moet doen. Met die gevolg dat ons Kersetes jaar ná jaar presies eenders is. Ons viertjies sit om 'n tafel vol kos wat 'n rugbyspan nie kan opeet nie. Dis Ouma Mina se hoenderpasteitjies, mosterd en trifle, Ouma Paula se soetpatats, Jamie Oliver se skaapboud en aartappels, 'n Kersham waaraan ons tot diep in die nuwe jaar gaan eet, 'n groen-en-rooi Krismisslaai van gebakte groente, 'n borriegeel orzo-slaai en 'n paar grootliks geïgnoreerde slaaiblare om die gewete te sus. Party van hierdie disse word net die een keer 'n jaar gemaak.

Dan vervreet ons ons en lê agterna op gemakstoele en rusbanke en luister na die skottelgoedwasser en die skitterende gejil van Auckland se sonbesies.

26 Desember 1999
Bernard het vir Vader Krismis gevra om vir Elsabé 'n vliegkaartjie Kaap toe te gee. Teen sulke geloof kan ek nie stry nie. Punt van die saak is Elsabé en die kinders gaan wel volgende week Kaap toe, vir so ses weke. Ek bly hier en werk. (En hoop hulle kom terug!)

Dis moontlik omdat ek wel die werk by Montana aanvaar het.

Jy weet teen dié tyd hoe ek sukkel met besluit.

Met die twyfelagtige wysheid van jare is ek nou heilig oortuig besluitneming is iets wat kinders op skool moet leer. Dit is 'n basiese lewensvaardigheid waarvoor daar tegnieke te leer is, dinge om in gedagte te hou. Ek het die afgelope jare met mense te doene gekry wat besluite neem om redes wat jou verstand te bowe gaan. En dan is my eie besluitnemingsvermoë natuurlik bedenklik, soos die geheen-en-weer in hierdie e-posse wys.

Toe Bernard 'n seuntjie was, het hy ook kwaai hiermee gesukkel. Daar was 'n ding wat hy wou hê of nie wou hê nie, en hy kon nie besluit nie. Later sê ek vir hom hy moet 'n muntstuk opskiet. Ek het iewers gelees dat as jy dit doen, jy in die oomblik wat die munt tol, weet waarvoor jy heimlik wens, en dit help. Maar selfs daarsonder, as die besluit nie vreeslike gevolge gaan hê nie en jy kan nie ophou wik en weeg nie, is 'n muntstuk nie die slegste idee nie. Bernard vat die munt en loop kamer toe, maar steek by die deur vas.

"Wat nou?" vra ek vir hom.

"Ek kan nie besluit of ek die munt moet opskiet nie."

HEILDRONK

Dapper of desperaat soos ek was, het ek toe laat in 1999 die res van die gesin Suid-Afrika toe laat vlieg. Daarna het ons $200 in die bank oorgehad, so R2 000 in vandag se geld. Benewens hierdie kontant, waarmee ek in Auckland en die gesin op vakansie die hele maand tot my eerste salaristjek moes deurkom, was die som van my aardse rykdom 'n rammelkas-karretjie en 'n klompie meubels op hul laaste halte voor die ashoop. Die musiekstelsel sou ek in 'n noodgeval kon verkwansel en die rekenaar straks nadat ek boedel oorgegee het. Ek was veertig jaar oud en basies in dieselfde finansiële posisie as toe ek op 21 klaargemaak het met universiteit. Op 'n nuwe nulpunt in my lewe.

4 Januarie 2000

Ek het klere gestryk. Môre begin ek by Montana werk. My gesin sit in Pretoria.

Dis nou 'n intro wat seker nie sou deug in fiksie nie. Maar die waarheid steur hom nie aan die dinamiek van literatuur nie.

My eerste werksdae in 'n vaste pos in Nieu-Seeland het 'n baie goeie indruk op my gemaak. Montana Wines was die einste plek waarvan ek in my eerste dag of twee die mense hoor gesels het toe ons die oorlewingsboks gaan optel het. Die wynmaker van wie hulle daardie dag gepraat het, was nou 'n kollega, al het ek nie geweet watter een nie.

Ons kantore was in 'n plat gebou langs die botteleringsaanleg in 'n woonbuurt vol staatshuise. Dit lê oos van die middestad, 'n uur se pendel in spitsverkeer vir my. Ek het aan die kommunikasie-bestuurder gerapporteer, 'n gawe kêrel met flambojante krulletjies by sy kuif wat daagliks in plek vasgepleister is. Die CEO was 'n oompie wat 'n goeie ekstra vir *Lord of the Rings* sou maak. Hy loop op sy sokkies in die kantoor rond en loer by al die kantore in. Soms kom jy by jou lessenaar, dan het hy vir jou 'n muffin daar gelos. 'n Regte mensch, Tsjeggies-Joods van afkoms.

Wat iemand soos ek in die wynbedryf soek, weet nugter. Hier is skaars alkohol in my huis, want ek hou nie juis daarvan nie en gaan weke en maande deur sonder enige drank. Die troop van die dronkgatskrywer pas nie by my nie. Ek ken sulkes, maar ek hou nie van hoe alkohol my laat voel nie en het boonop die smaak-sintuig van 'n vierjarige. Of wyn na okselsweet, lietsjies of sigaar-doos proe, gaan my grootliks verby. As jy sulke goed wil weet, vra my pel Emile Joubert. By die wynmaatskappy met sy fynproewers het ek meestal soos 'n blinde by 'n kunsuitstalling gevoel. Of by 'n vuurwerkvertoning.

Nietemin het ek baie lekker daar gewerk. Die enigste probleem was die lae besoldiging, wat beteken het dat ek moes aanhou vry-skut na-ure – veral vir Dynamite Advertising, mede-karperd van Magnet Direct met wie ek toe al lank 'n aan-en-af-werksverhou-ding het.

27 Februarie 2000

Ek het 'n aanbod gekry om creative director te word van die klein advertensiemaatskappy vir wie ek die afgelope jaar of wat gevryskut het. Ek sal seker die laags besoldigde creative director in NZ wees, maar dis darem genoeg geld om ons maandelikse uitgawes te dek sonder dat ek ekstra werk hoef aan te vat.

Ek moet nog hier bedank oor 'n paar minute. Wat ekstra moeilik is, is dat hulle my verlede week sommer 'n salarisverhoging gegee het – na net sewe weke. Dit was nogal gaaf van hulle.

Daar sit ek toe ná sewentien maande van werkloosheid met 'n vaste werk én 'n beter werksaanbod tegelyk . . . In elk geval is dit 'n baie lekkerder probleem om te hê as dit waarmee ek sedert ons aankoms in Nieu-Seeland geworstel het. En net daar skryf ek die mees lonende stuk van my ganse lewe – 'n bedankingsbrief wat Montana nie sonder slag of stoot wou aanvaar nie.

5 Maart 2000
Jy weet ek het so tien dae terug 'n salarisverhoging gekry, en die dag daarna 'n aanbod as creative director by Dynamite Advertising. Laas Maandag sê ek vir Montana ek gaan bedank en hulle vertel my ek sal in Julie 'n verdere verhoging kry en hulle het 'n job vir my in die oog so oor 'n paar maande – as hul creative director, met 'n salarisverhoging en veertien mense wat onder my werk. Ek dink toe mooi en bedank toe wel Dinsdag. Nou Vrydagaand kry ek 'n boodskap op my selfoon. Ek moet Montana se bemarkingsbestuurder bel. Saterdag bel ek hom en hy sê hy wil my 'n werk aanbied. Hy sal die ander ouens se salaris ewenaar en vir my 'n werkskar gee. Die kommunikasiebestuurder (my baas) het Vrydag ook bedank en hy bied my nou daai pos aan.

Nou weet ek nie. Ek is in elk geval bly my probleme het aangenamer geraak.

11 Maart 2000

'n Paar goed het my laat besluit op die Montana job. Nadat ek gehoor het ek het die opsie om die kar te los en liewer nog kontant in die plek daarvan te vat, het die finansiële aanbod van so 'n aard geraak dat 'n ou in my posisie nie meer kon nee sê nie. Tweedens het ek oor die foon met die CEO gepraat en hy is iemand op wie mens kan reken. En derdens is dit iets wat ek my gesin nou skuld.

Van die genieting van wyn weet ek bitter min. Daarteenoor vind ek aanklank by die kweek van druiwe, die wynmaakproses en die mense wat dit doen. Die manne in die wingerd met die modder aan hul stewels is ouens met wie ek kan gesels.

Die bietjie wat ek van wingerde weet toe ek by Montana begin, was wat ek in die verbyry rondom Stellenbosch gesien het. Die plante staan teen die skuinste, toe nog in kontoere geplant. So sit ek toe in Auckland en die ouens wys my op kaarte waar die maatskappy se wingerde is – almal ver daarvandaan. Ek vra: "Watter kant toe hel dit?" Ek wil weet hoe die skuinste loop. Maar ek kry net nie 'n antwoord uit enigiemand nie. Dis asof hulle glad nie verstaan waarheen ek mik nie.

Toe ek die eerste keer self die wingerde by Gisborne, Hawke's Bay en Marlborough besoek, gaan daar vir my lig op: Die wingerde is plat soos 'n plaasdam. Hulle plant dit op die vlak, alles noordsuid ter wille van ewe veel son op albei kante. Teen die heuwelhange loop daar skape. Eers nadat ek al by Montana begin werk het, het die ouens wingerde op Marlborough se hellings begin aanplant, vir die duurder wyne.

Wat daardie wyne duur maak, is dat die meganiese oesmasjiene nie kan loop waar dit te skuins is nie, wat beteken die druiwe moet met die hand geoes word, wat groot koste-implikasies inhou. Arbeid is geweldig duur hier. Die minimumloon is tans $23,15 'n uur – so R270. En op die platteland is werkers boonop haas onverkrygbaar. Die wingerdwerkers is merendeels spanne seisoenwerkers wat jaarliks van die Pasifiese Eilande af ingevoer word, Vanuatu en so aan. In die stede sit derduisende Kiwi's voor die TV en vet word van die Fanta en KFC wat hulle met hul welsyngeld koop.

Nieu-Seeland se boere is 'n interessante spul wat leer om alles self te doen. Vir heelparty is plaaswerk nie genoeg van 'n uitdaging nie. Eendag ry ek saam met 'n wingerdbouer in die heuwels bokant Marlborough se wingerde en ons kom 'n skaapboer in sy bakkie teë. Hy lyk soos hulle maar hier lyk: modderbekoekte slip-on-stewels, swart rugbybroekie, verbleikte frokkie wat seker eens rooi was, slaprandhoed. Die son het hom gaar gebrand. Ons gesels oor die een en die ander en die ou noem hy kom nou net van Rusland af. Rusland? vra ek verbaas. Ja, sê die ou, hy gaan gereeld soontoe. Hy het 'n besigheid wat Russiese ikoonkuns invoer!

Nog iets oor Nieu-Seelandse boere: Ons sê mos 'n boer maak 'n plan. Hulle het dieselfde ding hier, die sogenaamde "number eight wire"-mentaliteit. Die mite is dat 'n Kiwi enige ding met 'n stuk draad kan regmaak.

Dis nogal 'n interessantheid dat daar aspekte van die kultuur is wat mense in verskillende lande as volksgoedere beskou, terwyl dit glad nie is nie. Hier en in Australië reken hulle dat sekere sandale eie aan hul kultuur is. Hier noem hulle dit jandals en in Australië pluggers . . . dieselfde sponsplakkies as waarmee ek grootgeword het.

Terug by die draad van die storie oor die draad: Die Kiwi's dink hulle is besonders omdat hulle met minimale middele enige meganiese probleem kan oplos.

Hierdie houding vind ook uiting in 'n pragtige storie wat ek in 'n boek van Chris Laidlaw raakgelees het, waar hy probeer om dié eienskap van sy volk te belig. Laidlaw was die All Black-skrumskakel wat in Wessel Oosthuizen se ikoniese foto deur Frik du Preez platgeduik word. Later jare was hy ambassadeur in Harare. Ewenwel, in sy boek vertel hy die staaltjie van 'n Engelsman, Amerikaner en Kiwi wat deur 'n despoot gevange geneem en ter dood veroordeel word. (Presies die soort grappie wat geen Kiwi my nog persoonlik vertel het nie.) Hulle koppe gaan met 'n valbyl afgekap word. Die despoot vra vir die Engelsman hoe hy dit gedoen wil hê. Die ou sê ons doen dit op die propperse manier: Blinddoek my en ek sal met my gesig ondertoe lê. Die ou gaan lê en die laksman trek die valbyl se hefboom. Die lem val 'n ent, maar kort bo die ou se nek steek dit vas. Die despoot sê die gode het gepraat, die Engelsman kan maar loop. Nou is dit die Amerikaner se beurt. Hy sê hy wil op sy rug lê sonder 'n blinddoek, hy wil die dood dapper in die gesig staar. Hy gaan lê en die laksman trek die hefboom. Weer val die lem 'n ent en haak dan bo sy keel vas, en dis genoeg rede vir die despoot om die Amerikaner ook vry te laat. Nou is dit die Kiwi se beurt. Die kêrel sê as die Amerikaner kan lê en opkyk, kan hy ook. Hy gaan lê en kyk so na die lem bo hom. Die laksman vat die hefboom vas, gereed om hom te trek . . . "Wag! Wag!" roep die Kiwi. "Ek dink ek sien wat die haakplek is."

Nog 'n variant op die boer-maak-'n-plan-tema is die ophef oor "Kiwi ingenuity". 'n Voorbeeld wat mense graag oprakel, is dié van Richard Pearse, 'n boer en uitvinder wat omtrent dieselfde tyd as die Wright-broers 'n vliegmasjien geprakseer het. En hulle is erg trots op Ernest Rutherford, die wetenskaplike wat eerste die atoom gesplyts het. 'n Ander goeie voorbeeld van "Kiwi ingenuity" is Burt Munro, wat as ouerige man 'n wêreldspoedrekord vir motorfietse opgestel het op 'n outydse gevaarte wat hy opgezoep het, soos vertel in die baie kykbare Kiwi-fliek *The World's Fastest Indian*, met Anthony Hopkins in die hoofrol.

Van die "number eight wire"-storie weet ek nie so mooi nie. My neef wat in Namibië boer, kan self wondere met bloudraad verrig.

Vir "Kiwi ingenuity" is daar na my mening wel 'n saak te maak. In die jare wat ek vryskutskryfwerk vir sakeondernemings gedoen het, het ek telkens te make gekry met klein ondernemings wat indrukwekkende goed doen: Sewe ouens wat hulle eie verf maak met sulke gevorderde eienskappe dat Britse hotelkettings dit invoer; 'n kêrel in 'n deurmekaar werkswinkel wat die wêreld se naasgrootste verskaffer van termostate vir kweekhuise is; 'n maatskappy wat vuurpyle bou en die ruimte in skiet om satelliete in wentelbane te plaas.

Van Elsabé – 24 Maart 2000

Hier doen ons die gewone goed soos om werk toe te gaan, huiswerk te doen, kinders groot te maak. Dikwels wonder ek hoekom doen ons dit dan hier. Maar ons lotgevalle het heelwat verbeter in die laaste tyd en ons doen al hierdie dinge nou met minder angs en swaarmoedigheid. Ek het besef dat ek nie hier doodgegaan het nie en daar wel 'n toekoms is en dat dinge verander.

Hiervandaan is die spronge tussen die e-posse wat ek aanhaal heelwat groter, omdat ons minder geskryf het oor dinge wat regstreeks met migrasie verband hou. Ons lewe het sy gewone gang begin gaan. Dat daar vir ons nog 'n groot krisis voorgelê het, het ons nie geweet nie.

10 Mei 2000
Dis 'n ontsagwekkende gedagte – verantwoordelikheid vir jou eie lewe. Dit vervul jou met trots. Terwyl jy jou broek bevuil. Wat gaan ons van ons lewens sê as ons die dag meer agtertoe as vorentoe begin kyk?

19 November 2000
'n Vrou van Johannesburg het vir my 'n email gestuur, want hulle wil 'n TV-program maak oor interessante Suid-Afrikaners in die buiteland. Ek vertel haar toe ek staan soggens op, sit in die verkeer werk toe, sit voor 'n computer, en sit dan weer in die verkeer huis toe. En dan sit ek voor die TV. Sy sê hulle sal my graag in die program wil sit. Nou vra ek jou.

29 April 2001
Anna het 'n geweldige kapasiteit om goed te geniet. Elke oggend vra sy: "Waantoe gaan ek vandag?" Wat die antwoord ook al is, play centre of swem of by die huis bly, sê sy: "Jisss!"

Ook as mens vir haar 'n lekker koop, kan jy maar weet sy gaan sê die een wat sy nou kry, is haar favourite. Anderdag bereik dit 'n nuwe hoogtepunt toe Elsabé vir haar 'n blikkie lyfpoeier gee. Waarop Anna laat hoor: "Ek het nie geweet 'n mens kry so iets nie, maar dis nét wat ek nog altyd wou gehad het!"

Slim is sy ook. Vra my verlede week of ek weet hoe maak hulle tandepasta: "Hulle vat medium dik water, dan sit hulle die strepie by."

Dít, kan ek jou sê, klink vir my na 'n blink voorbeeld van "Kiwi ingenuity"!

15 Augustus 2001

Ek droom gereeld ek is in die Kaap. Dan onthou ek soms in die droom dat ek nie daar woon nie, maar iewers op 'n eiland.

Maandag was ons drie jaar hier. Ek het ons vorms vir burger-skap ingevul. Nog $1 000 en ses maande later, dan het ek die papiertjie. Wat dan, dit weet ek nie.

Daar was 'n burgerskapseremonie waar die plaaslike burgemees-ter gepraat het, toe moes ons spannetjie nuwelinge van oraloor trou sweer aan die staatshoof, destyds Koningin Elizabeth II. Daardie deel het ek maar so deurgeprewel, want ek het geen erg aan die monargie nie. Toe kry ons al vier sulke mooi sertifikate vol krulletjies.

Dit maak allerhande deure oop, soos om in Australië te kan gaan woon en werk as jy wil. Baie mense gebruik Nieu-Seeland dan ook as agterdeur om in Australië in te kom. Ons het dit oorweeg, maar nie te lank nie. Vir nog 'n ervaring soos die eerste jare in Nieu-Seeland het ons beslis nie kans gesien nie.

Anna het egter onlangs van hierdie geleentheid gebruik gemaak om by haar kêrel in Sydney te gaan aansluit, waar hy sy droom-werk gekry het. Nou sit ons in Nieu-Seeland en ons kind in 'n ander land . . .

Iets wat nie destyds 'n rol gespeel het in my besluit om landuit te gaan nie, maar wat 'n faktor sou gewees het as ek so ver kon dink, is dat so baie van my generasie se mense toekyk hoedat hulle kinders Suid-Afrika verlaat. Dit vind ek hartseer. Ek sou op 'n plek wou bly waar my kinders naby my kon bly. Nie dat dit op die ou end so goed uitgewerk het nie. Ten minste is Anna darem net so drie uur se vlieg van ons af en 'n heen-en-weertjie is nie buite die kwessie nie.

'n Onvoorsiene gevolg van ons Nieu-Seelandse burgerskap is dat ek en Elsabé daarmee ons Suid-Afrikaanse burgerskap verbeur het. Dit het ons eers later agtergekom. Dit pla my min, maar wel vir Elsabé. Die kinders is tegnies nog Suid-Afrikaners – die argument is glo dat dit nie hulle besluit was om ander burgerskap te aanvaar nie. Hulle sou dus glo wel om Suid-Afrikaanse burgerskap kon aansoek doen, nie dat een van hulle dit al ooit oorweeg het nie. Hulle kan "Veels geluk, liewe maatjie" in Afrikaans sing, maar is Kiwi's.

Ná drie jaar van werk begin ek toe dink ons moet 'n huis probeer koop. Ons hou van die plek wat ons huur en vra die eienaars in Australië of hulle nie dalk wil verkoop nie, dan kry hulle goed geld omdat die wisselkoers in daardie stadium in hul guns is. Hulle besluit toe ja. 'n Span eiendomsagente tou deur die huis om 'n prys vas te stel en . . . dis ver bo ons vuurmaakplek. As die huis verkoop, moet ons waai.

Dus moet ons 'n ander huis koop.

Die banke hier was indertyd bereid om vir jou 95% van die huis se prys te leen, en dan drie maande nadat jy ingetrek het, die orige 5% vir "opknapping". Maar ons leef van die hand na die mond en het niks vir 'n deposito nie. Ek gaan praat met die finansiële direkteur by die werk en vra of ek nie my pensioengeld kan kry nie, ek wil dit nie uitmors nie, asseblief.

Hy was 'n Skotsman genaamd Rob. Een oggend in 'n vergadering takel hy een van die senior verkoopsmanne vreeslik toe oor 'n fout of tekortkoming. Toe Rob uiteindelik asem skep, merk die verkoopsman doodkalm op: "Don't you think it's odd that you're an accountant and your name is Rob?"

Daardie doring het later jare baas geraak elders en werk my kant toe gestuur.

Hoe ook al, Rob het my goed gehelp. Maar dit was steeds nie genoeg geld nie. My pel Adi bied toe aan om vir ons $5 000 te leen. Die gedagte is dat ons dan ná drie maande die ekstra geld by die bank leen en vir hom terugbetaal. Op dié manier het ons darem 'n deposito vir 'n beskeie huis.

Ons begin soek, maar dit raak gou duidelik dat ons geld te min is en dat ons dalk 'n huis sal moet koop waarin ons nie wil bly nie. Dalk kan 'n mens die plek dan maar verhuur terwyl jy self elders huur. Op dié manier kom jy darem weer in die eiendoms-mark, wat aldurig klim.

3 Augustus 2003

So het ons nou na vyf jaar hier 'n huis gekoop.

Ons albei kan ons geluk nie glo nie, want ons het aangeneem dat ons nie 'n aanvaarbare huis in 'n redelike area sal kan bekostig nie. Per toeval vra Elsabé Donderdag sommer so terwyl sy eintlik op pad by die deur uit is vir die agent oor 'n bordjie waar sy verbygery het. Die agent vat haar soontoe en Elsabé is dadelik mal oor die plek en ons dink dis bekostig-baar en boems, ons sit 'n aanbod in en Vrydag is als geteken en klaar.

Hy kos ons baie minder as wat ek reken 'n mens sou verwag om vir so 'n huis in daardie omgewing te betaal, hoofsaaklik omdat hy baie verwaarloos is.

Die rede dat die agent nie uit die staanspoor vir Elsabé die huis gewys het nie, is dat ons vroeër gesê het ons hou nie van hoogtes nie, en die plek is hóóg. Hy is teen 'n skuinste gebou. Jy loop grondlangs in by die voordeur, dan met 'n halwe stel trappe af na die slaapkamers en badkamer, of met 'n halwe stel trappe boontoe na die kombuis en woonarea. Stap jy op die balkon uit, is die afstand grond toe so agt meter. Aan die afdraande-kant staan die huis op hoë pale. Die erf maak 'n dip in die middel, 'n natuurlike waterloop as dit hard reën, en dan 'n wal aan die oor-kant. Die huis is teen die erf se rand ingedruk en die grootste deel van die grond is onbruikbaar vir enigiets buiten tuin.

Toe ons hom koop, het daar jongmense gewoon en die plek was verfoes. Die muurpapier was iets ferweelagtigs wat in toiings gehang het. Die blindings was stukkend. Op die badkamervloer was 'n deurweekte langhaarmat. Toe ons hom optel, sien ons die vloer van spaanderbord het sag geword van die nattigheid, kom-pleet soos Weet-Bix. Ek moes hom van onder gaan stut dat ons nie deurfoeter nie. Die bad het sulke spa-spuite gehad wat jy nie durf gebruik nie, dan spuit groen slym in jou badwater, al het jy hóé hard probeer om dit skoon te maak. Aaklig.

Die huis is in die 1980's gebou met die goedkoopste materiaal, buiten die bedekking van sederplanke buite. Stylvol is dit nie, maar dis baie privaat. Ons het eintlik net een huis digby ons, verder bosserigheid en ons groot tuin. Die see is so drie kilometer van ons af. Ons kyk hier van die helling af oor dakke na 'n deel van die Hauraki-golf en op helder dae sien ons die Coromandel-skier-eiland se berge in die verte. Wil ek beter sien, gebruik ek die ver-kyker wat die inbreker destyds in Mowbray vir ons geskenk het.

1 Januarie 2004

As ek so terugkyk en vorentoe kyk op langer termyn, dan ys ek. Die kommery hierheen was 'n geweldige ding in die sin dat dit die kontinuïteit van my en Elsabé se lewens so ontwrig het. Mens kan die verlede nooit terugkry nie, maar as jy in die omgewing bly rondhang, is jy darem by die mense en plekke wat die lekker tye van vroeër gestalte gee. Die kans op nuwe lekker tye op dieselfde plekke en met dieselfde mense is seker ook groter. Hoe ook al, hier sit ons. Ek kan dit nie juis verduur om aan oud word of jonk wees te dink nie.

Hier is duisende ander Afrikaners en Suid-Afrikaners. Gister-aand het hulle 'n Afrikaanse oujaarsdans in die plaaslike skoolsaal gehou. Maar dis mense met 'n groter groepsgevoel. As natuurlike buitestander het dit my in Suid-Afrika byna dertig jaar gevat om twee goeie vriende te maak onder mense met 'n soortgelyke agtergrond as ek. Wat my kanse hier is, is duister.

Wat ek probeer sê, is dat dit vir ons eensaam is en dat ons julle baie mis.

Soos ek gisteraand vir Elsabé sê toe ons 'n glasie van Montagu se muskadel klink: "To happiness, regardless." Ek meen dis die beste waarop mens kan hoop, en dis nie min nie.

Hier is my nuwejaarsvoorneme: Ek gaan probeer om te lag.

'n Mens sou dink dat om gelukkig te wees vir almal 'n doelwit is. Maar nie vir my seun nie. Bernard was so agt jaar oud, toe bieg hy teenoor Elsabé: "Ek hou nie daarvan om gelukkig te wees nie, want as ek gelukkig is, laat dit my dink aan ander kere wat ek al gelukkig was, en dit maak my hartseer."

Die kind se kop is eiesoortig. Hy gee my al my dae.

"Jy weet," sê hy eendag vir my toe hy so twaalf is, "ek is baie gelukkig. As ek eendag groot is en ek moet moeilike besluite neem, dan kan ek jou altyd bel."

In hierdie stadium wéét ek ek was nie verkeerd in my oordeel van die situasie nie: Dis 'n oomblik om te onthou, met 'n liefdevolle pa wat respek afdwing, 'n waarderende seun . . . Julle kry die idee. Amper soos op Amerikaanse TV.

"Dan kan ek altyd vra wat jy in dieselfde situasie besluit het," gaan hy voort, "en dan sorg ek net dat ek die teenoorgestelde doen."

Arme pa!

Dis 'n tema wat hy 'n paar jaar later weer opgehaal het, toe hy met nog 'n onsterflike uitlating vorendag sou kom: "By being so useless, you're actually a big help."

Terwyl ek by Montana was, het 'n vreemde sameloop van omstandighede daartoe gelei dat my eerste boek in Nieu-Seeland die lig gesien het. Ek het voor ons vertrek uit Suid-Afrika reeds die idee vir *Nobody Dies*/*'n Ander mens* gehad, 'n storie oor 'n man wat in die getuiebeskermingsprogram 'n nuwe identiteit moet kry. Dis nou nie juis 'n verrassende tema vir iemand wat in 'n nuwe land gaan bly waar hy homself as't ware van voor af moet definieer nie. Die trekkery en gesukkel daarna het gemaak dat ek nie by die storie uitkom nie, maar met die stabiliteit wat by Montana ingetree het, skryf ek hom toe klaar. Maar wat maak ek in Suid-Afrika met 'n Engelse storie of in Nieu-Seeland met 'n storie wat in Suid-Afrika afspeel?

Dis toe dat Montana se baas besluit die wynkursus wat die maatskappy aanbied, moet in boekvorm verskyn. Ek vat die kêrel wat die kursus aanbied se notas en bewerk hulle in boekvorm; Random House sal dit uitgee. Op die ou end word daar toe besluit dat ons eerder 'n totaal nuwe boek moet skryf oor wyn in Nieu-Seeland, en dit raak 'n jaar lange opdrag vir 'n ander skrywer. Maar teen dié tyd ken ek 'n uitgewer by Random House en ek vertel vir hom van my storie. Wonder bo wonder vat hulle hom. Hy verskyn vroeg in 2004, en ek kry so 'n warreling van aandag in die media.

Toe *I Wish, I Wish* in 2020 hier verskyn, was daar weer stoffies van belangstelling, maar bitter min mense in Nieu-Seeland weet of onthou dat ek skryf.

Ek weet nie in welke mate skrywers in Suid-Afrika openbare figure is nie; dis immers nie iets soos om 'n akteur of sanger te wees nie. Op my dag het ek vir André Brink in die kafee herken, vir Karel Schoeman in die biblioteek en vir Sheila Cussons en Barend Toerien in die Kompanjiestuin. Miskien is skrywers deesdae via die internet en boekfeeste meer herkenbaar. Eenkeer, toe ek 'n klompie jare gelede op Stellenbosch was, het 'n vrou my bygeloop om 'n foto van my en my gespreksgenoot te neem, maar dit was Woordfees en ek was saam met die uitgewer en skrywer Frederik de Jager. Moontlik was hy die eintlike teiken. In Suid-Afrika is daar dalk mense wat my sal herken, maar hier is ek so anoniem soos 'n ryskorrel in 'n Chinese hotelkombuis. Dit pas my. Wanneer ek op 'n skrywerstoer in Suid-Afrika is, voel dit vir my ek hou vakansie in iemand anders se lewe. Daardie soort ding sou seker beter met my gewone lewe geïntegreer gewees het as ek nog in Suid-Afrika gewoon het.

Benewens *Nobody Dies* het ek ook in my vroeë jare in Nieu-Seeland onder diverse skuilname 'n handjievol leesboekies geskryf vir tieners en volwassenes wat op 'n beginnervlak lees. Een van die stories wat vir hierdie doel afgekeur is, het ek later uitgebou tot *Geheim van die gruwelsand*.

Intussen gaan die regte lewe aan, en soms met onverwagte wendings soos in 'n storie.

28 Augustus 2005
My dagwerk het in 'n kakspul ontaard, wat my betref.

My werk by Montana was byna ses jaar lank baie lekker. My kantoor was in 'n huis langs die hoofgebou, saam met 'n groot span grafiese ontwerpers en twee, soms vier, mense wat vir my gewerk het. Ek het die werk grootliks geplooi soos dit my pas. Bietjie advertensiewerk (ons was ons eie agentskap), bietjie korporatiewe joernalistiek, bietjie openbare betrekkinge.

Ek was ook bevoorreg om 'n klompie wonderlike mense te leer ken.

Die kollega met wie ek my kantoor die langste gedeel het, Tracey, is een van die mense met wie ek nog die heel lekkerste saamgewerk het – 'n innemende plaasmeisie wat tegelyk empaties is en kan vasvat. Sy kom van die land se oostelikste punt, East Cape, waar sy op laerskool omtrent die enigste wit kind tussen Maori's was. Sy was nogal 'n avonturier wat lang fietstogte saam met haar man onderneem het: dae en weke op die pad. Baie Kiwi's doen goed van dié aard, of gaan op lang staptogte in die natuur. Hier is wandelpaaie oraloor. Tracey het later weggetrek uit Auckland, maar ek het al by hulle gaan inloer in New Plymouth, moerver oor 'n helse bergpas.

Die grafiese ontwerpers se hoof was Malcolm, 'n prins van 'n man. Malcolm is 'n sensitiewe siel en baie kreatief – hy skilder, speel toneel, ontwerp speletjies en skryf. Sy boeke is nog nie gepubliseer nie, maar ek het een in manuskripvorm gelees wat nogal asembenemende wetenskapfiksie was. Hy het ook 'n vierde dan in aikido en het al twéé keer op die Transsiberiese trein van China na Sint Petersburg gereis. Hy is getroud met 'n kettingrokende Japannese bloemiste en woon in 'n huis saam met 'n swetterjoel katte. Malcolm het sy loopbaan as patente-prokureur begin, maar toe dink hy die lekkerste deel van die werk is om die sketse te maak, en toe word hy maar liewer 'n grafiese ontwerper.

In die jare ná Montana het Malcolm 'n ontwerpateljee gehad en ons het nog lank op vryskutbasis saamgewerk. Sy toneelspel het hom in aanraking gebring met 'n geselskap wat rondtoer en Shakespeare opvoer, en toe los hy sy ateljee en raak hy hulle stel-ontwerper. Covid het die dramageselskap gekelder en deesdae doen Malcolm enige min of meer kreatiewe ding wat hy kan vind, soos om stelle vir TV-reekse te verf. Tussendeur maak hy skilderye van katte, eiers of vlieë.

Veel soos wat ek van hom hou, sien ons mekaar min. Dat ons sulke verskillende kulturele agtergronde het, bly 'n struikelblok – hy is die oopkopkind van Nieu-Seelandse akademici, ek die benepe spruit van 'n munisipale amptenaar in Bellville. Dat ons albei in-kennig is en boonop ver van mekaar af woon, bemoeilik dinge verder.

'n Perd van 'n ander kleur was Daryl. Allesbehalwe inkennig. Daryl het op sestien die insig gekry dat die advertensies wat hy op die radio hoor, deur iemand geskryf moet word. Toe los hy die skool en raak 'n kopieskrywer. Hierdie soort voortvarendheid is vir my nogal tipies van Kiwi's – die klomp neig om enige ding aan te pak. Die natuur is 'n uitdaging hier, mense verdrink en raak weg in die berge, maar sosiaal en ekonomies gesproke is daar min hin-dernisse as jy 'n ding wil aanpak. Dis verspot maklik, byvoorbeeld, om 'n nuwe besigheid te begin. Daryl was nog maar in sy dertigs, toe is hy baas van 'n groot reklame-agentskap.

Toe ek hom leer ken, was sy gloriedae verby en hy het sy eie klein agentskap. Ek en hy doen Montana se wynreklame. Van almal wat ek in Nieu-Seeland teëgekom het, is hy die meeste soos my pelle in Suid-Afrika. Die ou laat my lag, en ons kan oor skryf en lees praat. En hy het 'n lekker lewensbeskouing. Eenkeer vertel hy my hy het by sy broer gaan kuier, wat alzheimers het. Vir hom was dit aaklig, want hy sit by sy stomme broer in die hospitaal. Sy broer, egter, geniet die kuier vreeslik – hy dink hulle twee vang vis!

Ek en Daryl het jare ná Montana nog saam gewerk en te min kere saam gaan eet of koffie drink, seker grootliks oor my gebrek aan ondernemingsgees. Ons het nie by mekaar aan huis gekuier nie. Anderdag was ek by 'n paartie wat hy gegooi het om sy vinnig naderende dood te vier, so 'n kosmies-komiese gedoente, tipies van die man.

Daar hou hy hortend 'n toespraak: "Jy weet, wanneer jy by jou begrafnis in die kis lê en jy dink die spul daar buite kuier lekker en hier lê ek verdomp dood . . .? Ek wou dit vermy."

Ewenwel, ek het heerlik gewerk saam met mense soos Tracey en Malcolm en Daryl.

Die probleem het gekom toe Montana te suksesvol raak. Dit was alreeds die grootste wynmaatskappy in die land en koop toe boon-op sy grootste teenstander. En meteens begin mense met geld na die plek loer met die oog op oorname.

Montana was bietjie van 'n darling hier rond, en die koerante skryf vreeslik daaroor dat hierdie Kiwi-ikoon dalk in oorsese hande gaan beland. Wat toe wel gebeur. Die nuwe base vlieg van Londen af in en ons reël 'n perskonferensie vir die aand – die oorname is groot plaaslike nuus. Toe die aand aanbreek, daag 'n enkele dronk-gat-wynskrywer op en dis al. Die probleem was dat 'n klomp terroriste dit goed gedink het om daardie oggend met Boeings in groot geboue in New York en elders vas te vlieg. Vir so 'n gebeurtenis kan geen skakelman voorsiening maak nie.

Hoe ook al, in die jare ná die oorname kom loop vreemdelinge tussen ons rond by die werk. Hulle hou onder meer baie van wat ek doen . . . en besluit iemand in Australië sal voortgaan daarmee. En so aan, een ding op 'n ander. Toe ek weer kyk, verkrummel die fondasies waarop my lewe in Nieu-Seeland rus en dompel dit ons terug in dieselfde krisis as tydens ons eerste maande in die nuwe land.

AFGEDANK

By die werk het uitlanders met die verloop van jare al die senior poste kom oorneem. Die Amerikaner wat my baas geword het, kon glad nie die Kiwi's verstaan nie. Dat my kollega Malcolm eers 'n patente-prokureur was en toe besluit het om 'n grafiese ontwerper te word, was meer as wat sy brein kon hanteer. 'n Skugter skakelman soos ek was insgelyks vir hom 'n verbysterende verskynsel. Of ek op die ou end by Montana uitgeskop is en of ek vanself geloop het, weet ek nie. Ek het 'n pakket gekry.

Toegerus met geld vir 'n klompie maande, het ek teruggekeer na vryskutwerk. Op my eerste oggend het ek iemand gaan sien na wie ek verwys is, en so tel ek toe negeuur die oggend van my eerste dag as vryskutter my eerste kliënt op – 'n stewige maatskappy wat oor baie jare heelwat werk na my kant toe gestuur het.

Desondanks was hierdie omwenteling toe net die ding wat uiteindelik maak dat Elsabé haar voet neersit dat ons nou moet teruggaan. Om weer te moet staatmaak op wat ek met vryskut kan losboer, sien sy nie voor kans nie.

12 Oktober 2005

Na sewe jaar in Nieu-Seeland is dit nou duidelik dat Elsabé nie hier gaan aanpas nie, en ons moet daarna kyk om terug te trek Kaap toe. Maar om dit te kan doen, moet ek plan maak met werk daar. Ek is wit, 45, met 'n nuttelose BA-graad.

Die vooruitsig om te trek het vir Bernard in omtrent net so 'n toestand gedompel as vir my. In hierdie stadium is basketbal sy lewe. Die outjie het vroeg lank geword, en was op dertien veel langer as sy pa en sy maters. Dit maak hom toe gesog op die basketbalbaan en hy het later provinsiaal gespeel vir sy ouderdomsgroep. Sy ondervyftienspan het die nasionale kampioenskap gewen. Dis 'n groot sport hier. As ons terugtrek Suid-Afrika toe, waar sal hy kan speel?

Ek onthou ons twee het een aand gery tot by Waiake-strand, 'n beskutte baaitjie nie te ver van ons af nie met sulke toring-eilandjies in die middel. Daar sit ek toe met 'n verwese kind wie se ongelukkigheid geen perke ken nie. By die huis is sy ma wat vir die eerste keer in jare nié verwese voel nie. En ek het albei lief en kan nie albei gelukkig maak nie.

Ek werk voort so goed ek kan, maar ons huis is in die mark en sodra ons 'n aanbod kry, koop ons vliegkaartjies terug Suid-Afrika toe. Dis die plan. Intussen wag ek maar op moedverloor se vlakte.

Van Elsabé – 6 Maart 2006

Jy vra wanneer ons kom. Miskien nooit. Ons huis is nou al meer as 'n maand in die mark en nog niks.

Intussen het Z van die huis af begin werk en hy verseker my dat hy dit in elk geval wou gedoen het. Ons probeer almal maar so normaal as moontlik voortgaan met ons lewe hier.

Ek lees op oor loss en grieving en kom tot die gevolgtrekking dat my grieving gekompliseerd geword het, daar is selfs terme daarvoor soos chronic or distorted grieving wat in my geval veroorsaak is deurdat ek nog nooit die weggaan van SA as permanent wou aanvaar nie. As ons nou sou bly, sal ek baie hard daaraan moet werk, sodat ek 'n nuwe identiteit kan

her-saamstel in die sg. post-loss wêreld. So begin ek dalk weer
'n lewe met betekenis. Miskien in retrospek maak hierdie tyd
van ontsettende onsekerheid en upheaval sin as dit beteken
dat ek my uiteindelik kan berus.

Ons het gister gaan koffie drink by Ryk Hattingh. En nou
voel NZ vir my na 'n beter plek, omdat Ryk en sy vrou hier is.

Die kuier by Ryk en sy vrou, Martene, het 'n lang aanloop gehad.
Omdat ek geweet het hy is 'n Afrikaanse skrywer by wie ek moont-
lik aanklank kan vind, het ek 'n geselsie aangeknoop deur die
venster daar by sy skoenherstel-kiosk onder in Browns Bay. Hy
was vriendelik, maar het nie vriende gesoek nie. Een van die eerste
goed wat hy vir my gesê het, was: "Ek braai nie."

Raait, een Boere-maatmaakgeleentheid daarmee heen.

Maar ons het dinge gehad om oor te praat. Soos migrasie.

Ryk-hulle het basies dieselfde tyd as ons Nieu-Seeland toe ge-
kom. Die redes was tegelyk meer kompleks en meer dramaties as
my gekheid. Dis net in fiksie dat karakters dinge om eenduidige
redes doen. In die werklikheid is mense se motiverings veelal meer-
voudig.

In die laat 1990's het Ryk en Martene met hul twee klein kin-
dertjies in Kensington, Johannesburg, gebly. Sy het met klasgee
en 'n kunswinkel genoeg verdien dat Ryk voltyds op kreatiewe
werk en publikasies kon fokus. Maar dinge het begin lol. Ryk het
later jare baiekeer gespot dat hy uit Suid-Afrika weg is om van
sy dealer af weg te kom, en daar steek 'n mate van waarheid in,
dat hy van sy verslawing wou probeer ontkom. Geweld was die
dringender faktor, veral nadat Martene se kar een aand gekaap is
en die kapers 'n vuurwapen teen haar kop gedruk en die sneller
getrek het. Die skoot het nie afgegaan nie.

Dit was die laaste strooi.

Terselfdertyd het Martene se suster en dié se man, wat een van Ryk se universiteitsvriende was en hom aan Martene voorgestel het, ook emigrasie oorweeg. Die twee gesinne het uiteindelik saam Nieu-Seeland toe gekom. Martene se ander suster en twee broers was in daardie stadium reeds jare lank in Amerika. Haar ouers het Suid-Afrika ook later verlaat en hulle hier in Auckland kom vestig. Afgesien van haar familie se nabyheid, het Martene dit ook makliker gevind om aan te pas as Ryk omdat sy as Suid-Afrikaanse Griek in 'n immigrantegemeenskap grootgeword het.

Vir Ryk was die trek emosioneel swaarder as vir haar omdat Afrikaans en Suid-Afrika 'n belangrike deel van sy identiteit was. En hy was in elk geval iemand wat soms maar die lewe swaar gevind het. Hier het hy in die publikasiewêreld probeer werk, maar toe dit platval, koop hy en Martene uit radeloosheid 'n skoenherstel-kiosk. Die eienaar maak hulle touwys en toe werk die twee daar totdat Ryk weet hoe om skoene aanmekaar te werk, sole vas te plak en so aan. Aan die begin het dit sukkel-sukkel gegaan, en hy het tot twintig uur 'n dag gewerk om als gedoen te kry, veral toe die geboorte van hul derde kind beteken Martene kan nie meer so baie help nie. Mettertyd het Ryk se vaardighede ontwikkel en hy het 'n helper gekry, wat dinge makliker gemaak het. Op die ou end het hy agttien jaar lank daagliks in 'n hokkie van so twee by drie meter gestaan en skoene regmaak.

Die ou het lank gewonder of hulle die regte besluit geneem het, en kon bitterlik kla oor hierdie reusekaravaanpark waar hy hom bevind. Een van sy klante was 'n ou Poolse dame wat hom toe troos: "Moet jou nie so ontstel nie. Ná die eerste dertig jaar gaan dit wel beter."

Ryk het later aktief probeer om meer raakpunte met hierdie land te ontwikkel, onder meer deur Maori-geskiedenis en -mitologie te bestudeer en om al wat 'n plaaslike plant is te leer ken. Sy tuin was vol inheemse plante.

As jy meer van Ryk se emosionele reaksie op migrasie wil weet, lees gerus *Huilboek*. Dit word as fiksie aangebied, maar is so outobiografies soos al sy boeke en die een wat jy nou lees. Toe wen hy die kykNET-Rapportprys daarmee en 'n paar jaar later gee hulle die prys vir my ook, en toe is daar twee ouens in een straat in Nieu-Seeland wat dit gewen het – iets waaraan ek my nou nog verwonder.

Ryk was vir my soos ons vriende in Suid-Afrika. Ons het van dieselfde mense en boeke geken. Hy was die één vriend hier wat soms sonder 'n afspraak aan my deur kom klop het. Dan maak hy self die deur oop, kom by die trappe op en roep: "Ou Zirkieeee!" Bo gekom, praat hy passievol oor plante of sy jongste hebbelikheid of slaan 'n absurde rigting in wat my asemloos laat van die lag of pure verbystering.

Een aand oor ete het hy driftig teen Nieu-Seeland uitgevaar: "Toe ek hiernatoe getrek het, het ek onherroepelik die kans verbeur om gewelddadig vermoor te word!"

Toe val sy eie hart hom op die ou end aan.

Sy dood was 'n bisarre slag wat hierdie land ontneem het van die kleur wat hy daarin gebring het – aalwyne en stof en die hartslag van ou Hillbrow. Sonder Ryk is die lewe hier soveel armer. Myns insiens is hy nou al lank genoeg dood, en kan hy gerus maar weer 'n draai kom maak.

Die vooruitsig om eendag in 'n vreemde land in 'n hospitaal dood te gaan, is vir my ekstra hartseer omdat ek dit nie in my moedertaal sal kan doen nie. As ek vir die mense sê ek het die lepel in die dak gesteek of die emmer geskop, besef die spul dalk nie ek is nou dood nie.

'n Paar tree van waar Ryk se as vandag lê, is daar 'n plaatjie met twee ander name wat ek ken – die Suid-Afrikaanse kunstenaar Larry Scully, met wie ek in die 1980's in sy huis op Stellenbosch 'n onderhoud gevoer het, en sy vrou, Christine, wat ek hier deur hulle dogter Anna leer ken het.

Anna en haar man, Mark, het van ons beste vriende hier geword. Hulle huis is vol kuns – werke deur haar pa, Cecil Skotnes en Walter Battiss en dies meer. Ons belangstellings stem ook grootliks ooreen. Anna het in die uitgewersbedryf gewerk en ons het selfs saam 'n aanlyn uitgewerytjie begin, Say Books. Een van die boeke wat ons uitgegee het, was my ligte misdaadverhaal *No-brainer*. Dié is nou nog op Amazon beskikbaar.

Anna en Mark het min of meer dieselfde tyd as ons Nieu-Seeland toe geïmmigreer, maar ons het mekaar eers baie jare later by Ryk Hattingh-hulle ontmoet. Hulle het egter onlangs agter hulle kinders en kleinkinders aan Wellington toe getrek, en ons sien hulle nou selde, wat 'n groot gemis in ons lewe is.

24 Mei 2006

Die ding wat my eintlik vang, is dat ek en Elsabé op sulke verskillende paaie is en dat dit nou ons verhouding affekteer. Mens kan seker ook nie anders verwag nie. Vir seker byna agt jaar wil ek en sy onversoenbare dinge hê. Sy voel versmaai in haar gevoelens. Ek voel sy gee my nie genoeg ondersteuning nie en/of probeer nie hard genoeg 'n sinvolle lewe hier maak nie. In haar kop woon sy eintlik nog in SA. Sy hou haar met SA dinge besig, en dit was maar van die begin af so.

Sy het hier aangekom met so 'n klein raampie met foto's van die kinders as kleintjies, en daarop staan geëts *Happy Days*. Daai ding pla my, want hy was so half 'n monument van ons ou lewe nog voordat ons hier aangekom het, asof sy klaar besluit het die happy days is verby.

Op die oomblik probeer sy haar hard met haar lot versoen. Lees toepaslike boeke, gaan sien sielkundiges, ens. Maar steeds sien ek printouts van goed oor SA wat sy op die internet kry: huise in die Kaap, lyste van goeie nuus uit SA, ens. Daarby is daar die gedurige sugte, hopelose uitsprake, ens. Die gehuil in die nag. (Wat deesdae bietjie afgeneem het, voel dit vir my.) Dit voel of al daai goed my aftakel, want hulle herinner my dat ek 'n eensame stryd stry om iets onmoontliks te probeer bekom.

Nou hoekom kom julle dan maar nie net terug nie? sou jy vra.

Klompie goed: Dit gaan ons finansieel vreeslik hard slaan. My werkmoontlikhede en inkomstepotensiaal daar lyk maar oes. Dan is daar ook goed soos dat ek my oor die kinders se aanpassing bekommer. Hulle is nou gewoond aan hoe dinge hier is, goed toegeruste skole met min dissipline. By 'n skool soos Paul Roos, bv., bied hulle iets soos ses of sewe sportsoorte aan. Waar Bernard nou is, is daar 37. En so aan. Basketbal wat vir hom so belangrik is, word skaars daar gespeel.

Vir myself sielkundig sal dit 'n helse stryd wees, nie net om genoemde redes nie, maar oor ek sal voel ek moet werk om 'n nuwe lewe te bou waaraan ek geen erg het nie (seker soos Elsabé hier).

Die implikasie van dit als is dat daar helse sielkundige en emosionele spanning op my en Elsabé wag. Daar is nie 'n opsie waarmee almal wen nie. Ek het haar al gesê sy moet oppak en gaan, met of sonder die kinders, ek gee nou op.

My lewe het 'n kakspul uitgedraai. Jissis tog.

Maar oor 'n jaar of vyf kry jy nog 'n email van my af, en dan gaan ek nog steeds aan.

Met die herlees soveel jare later slaan hierdie brief my hard. Ek kan skaars glo dat ek so wrewelig teenoor my vrou gevoel het. Dit terwyl sy my lewe soveel makliker, lekkerder en betekenisvoller maak. Deur haar het ek toegang tot 'n wêreld van hartstog waarvoor ek op my eie terugdeins – sy huil oor die goed wat my effe hartseer maak, lag vir dinge wat my ligweg amuseer, raak in vervoering oor kuns of musiek wat my stil stem. Sy help my met sosiale etiket, herinner my daaraan dat 'n mens moet resiproseer en sulke dinge wat ordentlike mense doen, maar wat ek andersins sou ignoreer. Sy is die totempaal waarom ek dans. (Metafories gesproke. In die vlees is ek veels te ingetoë om te dans.)

Boonop vertrou en verduur sy my, en lag selfs vir my grappies. Dus: die ideale vrou.

Die migrasie het haar harder geslaan as wat ek my voor die tyd sou kon indink. Rondom die gebeure wat in hierdie laaste e-posse opgehaal word, het sy haar gevoelens in haar dagboek probeer uitdruk, soos met hierdie rits woorde wat sy my anderdag wys: *Ontneem, ontheem, ontdaan, onteien, ont-huis, ont-ouers, ont-vriend, ont-land, ont-verlede; ont-hede, ont-toekoms.*

Lees hierdie woorde maar mooi. Dis jou voorland as jy emigreer.

24 Mei 2006

Ek is bietjie rigtingloos op die oomblik. Dit voel vir my of daar nog altyd vir my 'n doel was, hierdie ding van dat ek 'n gelukkige gesin wil hê, maar dit lyk nie haalbaar nie. Ek weet nie waar laat dit my nie. Gaan ek ook nou 'n toenemend siniese ou donner word wat vices soek waarin ek my kan verlustig?

Dit voel vir my daar is goed wat ek wil sê wat ek nie kan sê nie. Stories kan meer welsprekend wees. Ek dink ek begin 'n diepe begrip vir tragedie te kry. Ek raak al hoe kwater en stiller.

Eendag gaan ek nog lag dat die trane loop, ek sweer.

Van nature is ek nogal emosioneel gedemp – my pa se kind – en daarmee vind ek aanklank by die Kiwi's. As dit kom by emosies uitdruk, is die Kiwi's, synde Britserig, bokke vir understatement.

Kom ek vertel gou twee stories:

Nieu-Seeland gly stuk-stuk die see in. Die plek is geologies gesproke nog nuut, en daarom vol steiltes. Hy is ook nat. Dan skuif daar kort-kort 'n stuk teen die helling af. Een tipiese nat winter is grondverskuiwings heeltyd in die nuus. Daar kom 'n berig op die TV dat dit in 'n sekere area so erg geraak het dat die regering oorweeg om boerdery daar te verbied, aangesien die vee die situasie vererger. Toe wys hulle 'n onderhoud met 'n kêrel wie se voorsate al 150 jaar op daardie plek boer. Die ou is baie stroef. Ek haal aan: "If they stop me farming, I'll not only go bankrupt, I'll also be very disappointed."

Een van my kollegas by Montana het my vertel sy skoonpa, eweneens 'n boer, kom eendag 'n ongeluk oor. Sy trekker val om en hy word daaronder vasgepen. Dele van hom word flenters gedruk. Hy lê baie ure so voordat iemand agterkom hy is nie waar hy moet wees nie. Teen laataand is hy in die hospitaal en my kollega gaan loer in. Dis pleisters, verbande, gips, skrape en blou kolle net waar jy kyk. Hoe gaan dit? vra hy sy skoonpa. Sê die omie: "A bit average, actually."

AANHOUER

15 Oktober 2006

Dinge gaan orraait hier. Bietjie op en af met my werk, maar dit lyk of daar 'n paar goeie vooruitsigte is om miskien bietjie meer gereelde inkomste te kry.

Oor die terugkommery: Nee wat, daai ding het nie gevlieg nie. Ons kon nie die huis verkoop kry nie en my moed het my begeef. Ons sal maar hier aangaan, vir botter of vir wors.

Dit was die laaste keer wat ons ernstig daaraan gedink het om terug te keer Suid-Afrika toe. Van toe tot nou sit ons hier, "for better or worse". Genadiglik gaan dit beter as daar aan die begin.

Met meer plaaslike kontakte gaan dit aansienlik beter met my vryskutwerk. Ná Montana se versplintering het baie van my kollegas by ander wynmaatskappye beland en werk na my kant toe gekanaliseer. Een van die ouens saam met wie ek tydens my kortstondige kontrak by Aim Direct gewerk het, het sy eie agentskap begin en my toe gereeld gebruik. Ek het 'n kontrak gekry om die personeelblad vir die land se grootste supermark te skryf.

Elsabé het deeltyds begin skoolhou by die Katolieke Maori-skool waar Ryk Hattingh se vrou onderwyser was. Dit was 'n redelike gemors, maar het darem geld ingebring. Met die laaste kans op terugkeer daarmee heen, het Elsabé besluit om deeltyds verder te

studeer – eers twee jaar sielkunde en toe drie jaar vir 'n meesters-
graad in kunsterapie. Sy is mal oor haar werk en verdien deesdae
meer as my tanende inkomste.

Een van die aakligste goed van 'n geldtekort is dat jy omtrent
heeltyd aan geld dink, en dis die laaste ding waarmee ek my kop
besig wil hou. Dit was vir my wonderlik dat ek oor ander goed kon
dink toe dit beter met ons begin gaan. Soos boeke skryf.

Die huis wat ons voorlopig gekoop het omdat dit al was wat
ons kon bekostig, het die ouerhuis geraak wat ons kinders sal ont-
hou. Ons bly al meer as twintig jaar hier – die langste wat ek nog
in my hele lewe op een plek gebly het. Ons het metterjare die bad-
kamer en kombuis vervang en die garage in 'n ekstra slaapkamer
omskep – ek worry nie oor karre nie, hulle kan buite slaap. Verder
het ons 'n ateljee vir Elsabé aangebou en sy het 'n nommerpas oond
laat maak vir haar potte. Dié keer het ons nie self met die ding ge-
sukkel nie – ons het 'n span massiewe Eilanders onder leiding van
die gewese Samoaanse stut Peter Fatialofa betaal om die knewel
te kom aflewer.

Meer onlangs het Elsabé op die gedagte gekom om nog 'n huis
te koop as belegging. Dis wat middelklasmense hier doen as hulle
kan. Huispryse het intussen so gestyg dat ons teoreties gesproke
geld het, en so besit ons nou tussen ons en die bank twee huise.
'n Ver ent van waar ons begin het. Hoewel, as ek sê dat ek en die
bank die huise saam besit, is dit bietjie soos die grappie van die
muis en die olifant wat oor 'n hangbrug loop, en die muis sê: "Jitte,
maar ons laat hom darem skud!"

Anna het op universiteit in 'n werkstuk geskryf oor hoe die migra-
sie ons gesin en haar in die besonder geaffekteer het. Enersyds is
dit vir my interessant hoe sy haar lewe as immigrantekind ervaar

het. Dis 'n aspek van haar lewe wat vir my onbekend was. Ek het gedog omdat die kinders van so kleins af hier is, sal hulle maar net soos hulle maatjies wees. Maar nee, om hier in te pas was selfs vir hulle problematies. Ek haal 'n stuk aan wat sy geskryf het:

Toe ek jonger was, het my ouers gesê ek moet "NZ European" op vorms invul. Hulle het gesê as ek "African" merk, sal mense dalk aanneem dat ek nie goed Engels kan praat nie of dat ek nie 'n landsburger is nie. Sulke stellings het my laat dink dat dit nie aanvaarbaar is om hier enigiets anders as 'n wit Nieu-Seelander te wees nie. Dit het my laat voel asof ek van 'n minder belangrike en minder ontwikkelde land kom en dat wit Kiwi's op my sal neersien as hulle dit sou weet. Dit het 'n mate van skaamte oor my herkoms geskep. Hoewel ek soos hulle gelyk het en later soos hulle gepraat het en geassimileer geraak het in die wit Kiwi-manier van doen by my skool en in die openbaar, was my huislewe anders. Ons het ander kos geëet (waaroor ek altyd skaam was as my vriende kom kuier), my ouers het anders gepraat, ons huis is versier op 'n manier waaraan die Kiwi's nie gewoond was nie, en ons het nie dieselfde sosiale gedrag as Kiwi's nie. Al hierdie goed was vir 'n lang tyd vir my 'n bron van skaamte. Ek wou nie soseer 'n Kiwi wees nie (ek het daarvan gehou dat ek vir mense kon sê ek is van die buiteland), maar ek wou 'n "aanvaarbare uitlander" gewees het, een wat Kiwi genoeg was dat mense met my oor die weg kon kom en my by hulle aktiwiteite kon insluit, maar terselfdertyd vreemd genoeg om vir Kiwi's interessant te wees.

Dan lewer sy ook kommentaar oor hoe sy ons gesinslewe beleef het:

My gesin was en is steeds redelik geïsoleer van die gemeen-skap. My ouers het min vriende gehad en het nie kultureel by die Kiwi's ingepas nie.

Ek het grootgeword sonder veel kontak met my uitge-breide familie, buiten vir twee kuiers in Suid-Afrika toe ek 'n kind was. My begrip van familie en ons geskiedenis is dié van ons vier alleen. Ek weet nie hoe dit vir mense moet wees wat sterk bande met hulle uitgebreide familie of voorsate het nie, want uit my oogpunt het ek net drie familielede. Ons gesin se siening van wat dit is om 'n familie te wees, het besonder sterk bande tussen ons geskep, en swak bande met die res van die familie.

Ek weet nie veel van hulle nie, grootliks omdat ek nie tyd saam met hulle deurgebring het nie, maar ook omdat dit vir my ouers pynlik was om oor die breër familie te praat. Die ongelooflike verlies waarmee hulle te kampe gehad het, en waarmee hulle steeds sukkel, het gelei tot 'n onderverdeling tussen "Ons Gesinslewe" hier in Nieu-Seeland en "Die Lewe Wat Ons Agtergelaat Het".

Ek kom nou eers agter dat my ouers steeds 'n diepe verbin-tenis met hulle voor-Nieu-Seelandse lewens het – ek het eenvoudig nooit enige idee hiervan gehad nie, omdat dit stil gehou is. Ek sal nooit die omvang van die trauma ken wat my ouers ervaar het om Suid-Afrika te verlaat nie, maar ek weet dat ek nog altyd bewus was dat dit daar is. Hulle wou dit self hanteer en my en my broer beskerm teen hulle swaar-kry en verlies, en hulle het dus probeer om nie te praat oor

"Die Lewe Wat Ons Agtergelaat Het" nie. Ondanks hierdie poging kon ek die pyn in die atmosfeer voel en het op 'n manier geweet dat dit 'n wond was wat nooit sou heel nie, en wat ek liefs nie moet ophaal nie. My ouers moes ons lewens so kompartementaliseer, want dit was te moeilik wanneer "Die Lewe Wat Ons Agtergelaat Het" te naby aan "Ons Gesinslewe" kom – die kloof was te groot om op 'n aanvaarbare manier te integreer.

Ek voel 'n soort tweedehandse skuld, want ek weet ek en my broer is die redes vir die migrasie. Ek voel ook die pyn van migrasie tweedehands. My ervaring van migrasie is my ouers se rou; die verlies aan 'n tuiste, die stryd om in te pas en om vriendskap, die nodigheid om 'n lewe te bou en terselfdertyd twee klein kindertjies groot te maak. Dit was nie ek wat die las hiervan moes dra nie, maar ek het my gesin se hartseer aangevoel.

Hieruit is dit vir my duidelik dat die ontwrigting van migrasie ten spyte van ons pogings om dit verborge te hou tog 'n diep impak op die kinders gehad het. Partykeer probeer mens jou liefde wys deur te maak of dit goed gaan. Dit werk nie altyd nie.

Wat Bernard betref, het ek nie die voordeel dat hy sulke latere insigte verwoord het nie, maar dit is so dat hy deur die jare daagliks uit sy pad gegaan het om sy droefgeestige ouers te probeer opbeur, om vrolikheid en sonskyn in die huis in te bring, soms terwyl hy eintlik self onderskraging nodig gehad het.

Die kinders is nou groot en selfversorgend.

As ek dink aan die liewe, liewe mans wat ek al ontmoet het, staan Bernard in die heel voorste ry. Hy is edel en bedagsaam, 'n soekende siel en steeds 'n terggees wat jou ego kan karnuffel. Die ou is so ses voet lank en bult van die spiere, 'n tawwe polisieman met 'n kaalgeskeerde kop, maar dan mediteer hy daagliks en dink diep na oor die aard van ons bestaan. Hy lewe stoïsyns en het geen idee wat in sy bankrekening aangaan nie. Sy talle vriende is mal oor hom.

Anna is besonder sensitief en insigryk. Omdat ons so eenders is, praat ek maklik met haar oor die dinge wat my die meeste pla. Sy verstaan omdat sy dieselfde eienskappe het en het boonop die sielkunde-agtergrond om nie net empaties nie, maar ook sinvol te reageer. By haar kan ek ook skaamteloos op my heel simpelste wees. En sy het 'n sluwe humorsin wat jou voete onder jou kan uitpluk.

Elsie se lof het ek al herhaaldelik besing. Ons lag elke dag saam. As ons by mekaar is, maak dit minder saak dat dit grys is buite die ruite.

Wat ons daaglikse lewe betref: Soggens eet ek en Elsabé saam ontbyt. Ek sit in my pajamas en eet Jungle Oats en worry of my selfbeeld dit ongeskonde gaan maak tot sononder. Dan skuifel ek in my kantoor in, reg langs my slaapkamer. Daar sit ek ure lank en skryf tenders om Konstruksiemaatskappy X te help om, byvoorbeeld, 'n kontrak by 'n stadsraad te kry om openbare toilette op te rig. Daarteenoor gaan Elsabé as kunsterapeut oorkant die straat in haar spreekkamer luister na die hartverskeurende stories wat slagoffers van seksuele geweld haar vertel en sy help hulle deur die lewe kom. Anna is ook 'n kunsterapeut en werk met neurodiverse kinders – deesdae in Sydney. En as polisieman gryp Bernard in tydens krisisoomblikke in mense se lewe.

Hulle al drie help mense; ek verkwansel goed soos kleinhuisies. Hoewel, noudat ek daaraan dink, 'n mens toilette ook nodig het. Boonop sorg 'n gesonde tenderstelsel dat mense se belastinggeld ordentlik bestee word. Dis iets wat wel in Nieu-Seeland gebeur en nie te versmaai is nie. Nogtans is my beroep steeds die een aspek van my lewe waar ek nog nooit rus gevind het nie, al nader ek reeds die ouderdom waar diegene wat dit kan bekostig, aftree. Oral waar ek nog ooit gewerk het, moes ek kort-kort keer of ek trek ore plat en hol soos 'n haas daar weg.

Ek het drie keer in my lewe besluite geneem wat my lewe 'n heel nuwe koers laat inslaan het. Die eerste was toe ek in matriek besluit het om Universiteit van Kaapstad toe te gaan eerder as Stellenbosch. Daardie klompie kilometer was in werklikheid 'n migrasie uit die Afrikaanse milieu. Ek het in my mees vormende jare losgeraak van die Afrikaanse denkwêreld, en dit dra straks daartoe by dat my skryfwerk half uit wans is met dit waarby baie lesers aanklank vind. Die tweede groot besluit was toe ek my jeugdige huwelik agtergelaat het. En die derde was om te emigreer. Net oor die middelste een het ek nou geen twyfel dat dit die regte ding was nie.

Om terug te trek Suid-Afrika toe is lankal nie meer 'n opsie nie. Die kinders is Kiwi's en gelukkig (soos in "happy") hier. Bernard sê baiemaal hoe gelukkig (soos in "lucky") ons is om hier te woon. Anna is selfs mal oor die nat weer. En Elsabé het noodgedwonge haar lot hier aanvaar en doen sinvolle en verrykende goed met haar lewe. Ek kla oor my beroep, maar met my gesin en my skryfwerk is my grootste drome bewaarheid. Ek is deeglik bewus dat dit nie iets is wat baie mense beskore is nie.

Ek is tevrede om in Nieu-Seeland te wees. As ek egter die horlosie kon terugdraai en met alles wat ek nou weet weer moes besluit om landuit te gaan of nie . . . Dan het ek dalk anders besluit. Wat op hierdie blaaie staan, verduidelik hoekom.

vir zirk

deur André le Roux

1
besoekersboek

daar's 'n tydsverskil tussen ons drome
jou firmament van nagmerries
wanneer jy wakker word op 'n leë bors

ons skryf bo-oor alles
sin vir sin in
e-postels van verlies

jy dra jou leedverwysings met jou saam
soos stukkies vlerk
en teken getrou die besoekersboek
in 'n soort klokglas van herinnering
met die eensaamheid van die langafstandhuisbewoner
jou spore maak girts-girts

afrika is so hardegatkoejawel
mens proe die pitte in die mond
ons suig aan die vet oumama se linkertiet
sy verdra ons
met 'n stringetjie huilsnot in die kies

in die knapsak oor jou skouer
met die kaapse vlakte agter jou
het jy iets gebring soos gewone heimwee
'n woestynwind van namibië
en uit jou broeksak ryg jy
jare soos 'n lang wit wolk

2
woestyn

wanneer die woestyn jou spore
toegewaai het sal die sand
jou naam onthou

3
herberg

jy's meer gemaak vir afrika
as afrika vir jou

ons kom nie hieruit weg nie
ons wolke lê hier
in blou baaie van fynbos
'n tafel in die see met swaar pote
rug gekeer op die land

4
stoel tot stoel

zirk is toe weer weg
ek weet
sy mou lê nog hier langs my
vir veilige bewaring

wanneer jy weer kom
loop net by die trappe op dan
praat ons verder

www.ingramcontent.com/pod-product-compliance
Lightning Source LLC
Chambersburg PA
CBHW022004090426

42741CB00007B/889